THE

PSALMS OF SOLOMON

WITH THE GREEK FRAGMENTS OF

THE BOOK OF ENOCH

THE

PSALMS OF SOLOMON

WITH THE GREEK FRAGMENTS OF

THE BOOK OF ENOCH

EDITED FOR THE
SYNDICS OF THE UNIVERSITY PRESS

BY

HENRY BARCLAY SWETE D.D.

HON. LITT.D. DUBLIN
FELLOW OF GONVILLE AND CAIUS COLLEGE
REGIUS PROFESSOR OF DIVINITY

WIPF & STOCK · Eugene, Oregon

Wipf and Stock Publishers
199 W 8th Ave, Suite 3
Eugene, OR 97401

The Psalm of Solomon with the Greek Fragments of The Book of Enoch
By Swete, Henry Barclay
ISBN 13: 978-1-4982-3206-7
Publication date 6/10/2015
Previously published by Cambridge University Press, 1899

v

The following pages form part of the third volume of the *Old Testament in Greek* (ed. 2, 1899). They contain the Psalms of Solomon, revised and furnished with a full *apparatus criticus*, and the Greek fragments of the Book of Enoch. These texts are now issued separately, in the hope that they may be welcome to readers of the Cambridge Septuagint who possess only the first edition, and to other students of the Greek Bible who desire to make themselves acquainted with documents which throw an important light on Jewish thought in the age preceding the Christian era[1].

The following MSS. have been used for the PSALMS OF SOLOMON.

CODEX CASANATENSIS. A MS. on paper of cent. xii—xiv, consisting of 310 leaves, measuring 38·4 × 24·9 cm., and containing the Psalter with a catena, the Psalms of Solomon, and other Scriptural and liturgical collections. The Psalms of Solomon in this MS. were collated for Professor Gebhardt by Dr J. Tschiedel.

CODEX HAVNIENSIS. A folio MS. of the 11th century, written in double columns. The volume was purchased at Venice in 1699, and in 1732 passed into the Royal Library at Copenhagen, where it is still preserved (no. 6). It consists at present of quires 11—39 of the original MS., containing Job (with a catena), Proverbs, Ecclesiastes, Canticles (these three books with scholia), Wisdom of Solomon, Psalms of Solomon, Ecclesiasticus. A collation of the Psalms of Solomon was made by Professor Ryle in 1888 at Cambridge, where the MS. was deposited for the purpose by the courtesy of the Copenhagen authorities. Professor Gebhardt has used another which is due to Ch. Graux[2].

CODEX IBERITICUS. A MS.[3] on paper of the 14th century belonging to the Iveron monastery (ἡ μονὴ Ἰβήρων) on Mt Athos; it contains Job, Proverbs, Ecclesiastes, Canticles, Wisdom, Sirach, and the Psalms of Solomon, followed by scholia on some of the books, and other patristic matter. Written στιχηρῶς. Transcribed by Ph. Meyer in 1886.

[1] For the interpretation of the documents the reader may consult *Psalms of the Pharisees*, edited by H. E. Ryle and M. R. James, Cambridge, 1891; and *The Book of Enoch*, edited by R. H. Charles, Oxford, 1893.
[2] See *die Psalmen Salomo's*...von Oscar von Gebhardt, Leipzig, 1895. Dr Gebhardt's Introduction contains a valuable investigation into the genealogy of the MSS. (p. 30 ff.).
[3] See *Catalogue of the Greek MSS. on Mt Athos* by Professor Lambros, vol. ii., p. 169 (Camb. Univ. Press).

CODEX LAURENSIS. A MS. of the 12th century belonging to the Lavra monastery (μονὴ μεγίστης λαύρας τοῦ ἁγίου Ἀθανασίου) on Mt Athos. Its 310 leaves contain an exposition of the Psalter, the Odes, the Psalms of Solomon, and a commentary on Canticles by Cyril of Alexandria. The Psalms of Solomon in this MS. were collated for Professor Gebhardt by Ἀλέξανδρος Λαυριώτης.

CODEX MOSQUENSIS. A thirteenth century MS., consisting of 225 leaves measuring 13¾ × 11 inches, written in two or sometimes in three columns. The book contains Job, Proverbs, Ecclesiastes, Canticles, Wisdom of Solomon, Psalms of Solomon, Ecclesiasticus; the first four Books are accompanied by catenae or scholia. This MS. was brought to Moscow in 1653 from the monastery of Iveron at Mt Athos. A transcript of the *Psalms* was furnished to Professor Ryle and Dr James by the Archimandrite Wladimir of Moscow, and a collation was made in 1874 by Professor Gebhardt.

CODEX PARISINUS. A quarto of 494 leaves written on paper in 1419, consisting of miscellaneous matter and containing *inter alia* (ff. 224ᵃ—248ᵃ) the Wisdom and Psalms of Solomon and Ecclesiasticus. The volume is preserved in the Bibliothèque Nationale at Paris, where it is numbered 2991 A. A collation was made for Professor Ryle and Dr James by the Abbé Batiffol, of Paris, and another by Professor Gebhardt in 1877.

CODEX ROMANUS (Vaticanus Gr. 336). This MS. which is cited by Parsons as 253, and used by him for Job, Proverbs, Canticles, and the two books of Wisdom, is a quarto vellum MS. of the 12th century, containing in 194 leaves Job, Proverbs, Ecclesiastes, Canticles, Wisdom, Psalms of Solomon, and Ecclesiasticus. The text of the Psalms of Solomon in the first edition of this volume was derived from a collation made by Dr E. Klostermann in 1893; in the present edition use has been made of the corrections and a few of the conjectural emendations supplied in Professor Gebhardt's book.

CODEX VINDOBONENSIS. A folio MS. of the 11th century, written in double columns of 26 lines, and in a semiuncial hand. The volume, which is numbered Cod. Gr. Theol. 7, and was purchased at Constantinople in the sixteenth century, consists of 166 leaves, and contains Job, Proverbs, Ecclesiastes, Canticles (with a catena so far), Wisdom of Solomon, Psalms of Solomon, Ecclesiasticus. The collation used by Professor Ryle and Dr James was communicated to them by Dr Rudolf Beer; for the present edition of this volume Professor Gebhardt's collation has also been available.

The text of ENOCH has been derived from the following sources:

CODEX PANOPOLITANUS. A MS. discovered in 1886 in a grave at Akhmîm, the Panopolis of Strabo. The volume contains (1) fragments of the Pseudo-Petrine Gospel and Apocalypse, (2) a large fragment of the Greek version of the Book of Enoch; the latter, which is written in uncials of the 8th or 9th century, occupies 23 leaves and contains Enoch i.—xxxii.[1] Ch. xix. 3—xxi. 9 has been written twice, before ch. i. 1 as well as in its proper place; both texts are given in this edition,

---

[1] The hand changes at xiv. 22, but the writing is consecutive and probably con-   temporary.

the detached fragment being placed at the foot of the page and distinguished by the symbol P_2. The text of P in this edition has been obtained from M. Bouriant's heliogravure in *Mémoires publiés par les membres de la Mission Archéologique Française au Caire, t. neuvième* (Paris, 1892).

CODEX VATICANUS Gr. 1809, a tachygraphical MS. described by Mai *scr. vet. nov. coll.* vi., *praef.* p. 37, contains an excerpt from Enoch (c. lxxxix) printed by Gildemeister (*ZDMG.*, ix., p. 621 ff.); a specimen of the tachygraphy may be seen in Mai *patr. nov. bibl.* ii., *ad init.*

Fragments of the Greek Enoch are preserved also in the Chronography of Georgius Syncellus[1] (Enoch *cc.* vi, 1—ix. 4, viii. 4—x. 14, xv. 8—xvi. 1, and a short extract to which the Ethiopic version of Enoch yields no parallel). These are printed in the present volume at the foot of the Akhmîm text, in a smaller type. For Syncellus use has been made of the edition of W. Dindorf[2], who quotes two Paris MSS. (A, B), and the readings of Goar's text (Sync^g). The single fragment of Enoch preserved in the Epistle of St Jude is given as it stands in the text of Westcott and Hort, but the readings of אAC are added in the apparatus.

The Akhmîm text as reproduced in M. Bouriant's heliogravure has been collated afresh for this edition. Reference has also been made to Professor Dillmann's paper *über den neufundenen griechischen Text des Henoch-Buches* (in *Sitzungsberichte d. k. pr. Akademie der Wissenschaften zu Berlin*, 1892); M. Lod's *Livre d'Hénoch* (Paris, 1892) and Mr Charles's *Book of Enoch*, Oxford, 1893.

---

[1] Ἐκλογὴ χρονογραφίας συνταγεῖσα ὑπὸ Γεωργίου μοναχοῦ συγκέλλου γεγονότος Ταρασίου πατριάρχου Κωνσταντινουπόλεως.
[2] Georgius Syncellus...ex recensione Gul. Dindorfii, Bonnae, 1829 (in Niebuhr's *corpus scr. hist. Byzantinae*). The passages will be found in i. pp. 20 ff., 42 ff., 46 f., 47.

τοîϲ προϲΔεχομένοιϲ λύτρωϲιν Ἱερουϲαλήμ.

ΨΑΛΜΟΙ ΣΟΛΟΜΩΝΤΟΣ

Α′

I 1   ΕΒΟΗΣΑ πρὸς Κύριον ἐν τῷ θλίβεσθαί με εἰς τέλος,
        πρὸς τὸν θεὸν ἐν τῷ ἐπιθέσθαι ἁμαρτωλούς.

2   ²ἐξάπινα ἠκούσθη κραυγὴ πολέμου ἐνώπιόν μου·
        ἐπακούσεταί μου, ὅτι ἐπλήσθην δικαιοσύνης.

3   ³ἐλογισάμην ἐν καρδίᾳ μου ὅτι ἐπλήσθην δικαιοσύνης,
        ἐν τῷ εὐθηνῆσαί με καὶ πολλὴν γενέσθαι ἐν τέκνοις.

4   ⁴ὁ πλοῦτος αὐτῶν διεδόθη εἰς πᾶσαν τὴν γῆν,
        καὶ ἡ δόξα αὐτῶν ἕως ἐσχάτου τῆς γῆς.

5   ⁵ὑψώθησαν ἕως τῶν ἄστρων,
        εἶπαν Οὐ μὴ πέσωσιν·

6   ⁶καὶ ἐξύβρισαν ἐν τοῖς ἀγαθοῖς αὐτῶν,
        καὶ οὐκ ἤνεγκαν.

7   ⁷αἱ ἁμαρτίαι αὐτῶν ἐν ἀποκρύφοις,
        καὶ ἐγὼ οὐκ ᾔδειν·

8   ⁸αἱ ἀνομίαι αὐτῶν ὑπὲρ τὰ πρὸ αὐτῶν ἔθνη,
        ἐβεβήλωσαν τὰ ἅγια Κυρίου ἐν βεβηλώσει.

Β′

II   Ψαλμὸς τῷ Σαλωμὼν περὶ Ἰερουσαλήμ.

1   ¹Ἐν τῷ ὑπερηφανεύεσθαι τὸν ἁμαρτωλὸν ἐν κριῷ κατέβαλλε
        τείχη ὀχυρά,
        καὶ οὐκ ἐκώλυσας.

Inscr ψαλμοι Σολομωντος 1 (-μωνος h) om ir | α′ om r | ψαλμος τω hilmpv
Σαλομων: πρωτος i
    I 1 τον θεον] om τον r   3 πολλην lr] πολιν himpv   4 διεδοθη
ilr] διελθοι hmpv | γην]+και η δοξα αυτων εως εσχατου την γην r* (improb
r¹) | αυτων 2°] αυτου 1   5 ειπον 1 | πεσωσι imp πεσωσι μεν 1   7 και
εγω ir] καγω hlmpv   II Σαλομων hilpv deest tit in m   1 κατε-
βαλλε ir] κατεβαλε hlmpv

r ²ἀνέβησαν ἐπὶ τὸ θυσιαστήριόν σου ἔθνη ἀλλότρια,   2
 κατεπατοῦσαν ἐν ὑποδήμασιν αὐτῶν ἐν ὑπερηφανίᾳ.
 ³ἀνθ᾽ ὧν οἱ υἱοὶ Ἰερουσαλὴμ ἐμίαναν τὰ ἅγια Κυρίου,   3
 ἐβεβηλοῦσαν τὰ δῶρα τοῦ θεοῦ ἐν ἀνομίαις·
 ⁴ἕνεκεν τούτων εἶπεν Ἀπορίψατε αὐτὰ μακρὰν ἀπ᾽ ἐμοῦ,   4
 οὐκ εὐόδωκεν αὐτοῖς τὸ κάλλος τῆς δόξης αὐτοῦ·
 ⁵ἐξουθενώθη ἐνώπιον τοῦ θεοῦ,   5
 ἠτιμώθη ἕως εἰς τέλος.
 ⁶υἱοὶ καὶ θυγατέρες ἐν αἰχμαλωσίᾳ πονηρᾷ,   6
 ἐν σφραγῖδι ὁ τράχηλος αὐτῶν, ἐν ἐπισήμῳ ἐν τοῖς ἔθνεσιν·
 ⁷κατὰ τὰς ἁμαρτίας αὐτῶν ἐποίησεν αὐτοῖς,   7
 ὅτι ἐγκατέλειπεν αὐτοὺς εἰς χεῖρας κατισχυόντων·
 ⁸ἀπέστρεψεν γὰρ τὸ πρόσωπον αὐτοῦ ἀπὸ ἐλέους αὐτῶν,   8
 νέον καὶ πρεσβύτην καὶ τέκνα αὐτῶν εἰς ἅπαξ·
 ⁹ὅτι πονηρὰ ἐποίησαν εἰς ἅπαξ, τοῦ μὴ ἀκούειν.   9
 ¹⁰καὶ ὁ οὐρανὸς ἐβαρυθύμησε, καὶ ἡ γῆ ἐβδελύξατο αὐτούς,   10
 ¹¹ὅτι οὐκ ἐποίησεν πᾶς ἄνθρωπος ἐπ᾽ αὐτῆς ὅσα ἐποίησαν.   11
 ¹²καὶ γνώσεται ἡ γῆ τὰ κρίματά σου πάντα τὰ δίκαια, ὁ θεός.   12
 ¹³ἔστησαν τοὺς υἱοὺς Ἰερουσαλὴμ εἰς ἐμπαιγμόν,   13
 ἀντὶ πορνῶν ἐν αὐτῇ·
 πᾶς ὁ πορευόμενος εἰσεπορεύετο κατέναντι τοῦ ἡλίου·
 ἐνέπαιζον ταῖς ἀνομίαις αὐτῶν·
 ¹⁴καθὰ ἐποίουν αὐτοί, ἀπέναντι τοῦ ἡλίου παρεδειγμάτισαν ἀδι- 14
 κίας αὐτῶν.
 καὶ θυγατέρες Ἰερουσαλὴμ βέβηλοι κατὰ τὸ κρίμα σου,
 ¹⁵ἀνθ᾽ ὧν αὐταὶ ἐμιαίωσαν αὑτὰς ἐν φυρμῷ ἀναμίξεως.   15
 τὴν κοιλίαν μου καὶ τὰ σπλάγχνα μου πονῶ ἐπὶ τούτοις.
 ¹⁶ἐγὼ δικαιώσω σε, ὁ θεός, ἐν εὐθύτητι καρδίας·   16
 ὅτι ἐν τοῖς κρίμασίν σου ἡ δικαιοσύνη σου, ὁ θεός.
 ¹⁷ὅτι ἀπέδωκας τοῖς ἁμαρτωλοῖς κατὰ τὰ ἔργα αὐτῶν,   17
 καὶ κατὰ τὰς ἁμαρτίας αὐτῶν τὰς πονηρὰς σφόδρα.

hilmpv 2 κατεπατουν hilmpv 3 om οι i | εβεβηλουν hilmpv 4 απορ-
ριψ. hlmpv απερριψ. i | ευοδωκεν ilr] ευωδωκεν hmpv | αυτου hilprv] αυτης m
5 εξουθενωθη ilr] εξουθενηθη hmpv | om εως hmpv 6 υιοι] pr οι hilmpv |
θυγατερες] pr αι hilmpv | εθνεσι hilmpv 7 εγκατελιπεν hilmpv 8 απε-
στρεψε himpv | om το hilmpv | ελεου hilmpv | αυτων 1°] αυτου i 10 εβαρυ-
θυμησεν il 11 οσα] ο ex ου fec rᶜᵒʳʳ 12 τα δικ. παντα il 13 εστησεν
hmv εστησε p | παραπορευομ. hilmpv 15 εμιαιωσαν] εμιαινον hilmpv |
εαυτας hilmpv 16 κριμασι hilmpv 17 και ir] om hlmpv

18 ¹⁸ἀνεκάλυψας τὰς ἁμαρτίας αὐτῶν, ἵνα ·φανῇ τὸ κρίμα σου·   r

19 ¹⁹ἐξήλειψας τὸ μνημόσυνον αὐτῶν ἀπὸ τῆς γῆς.

    ὁ θεὸς κριτὴς δίκαιος, καὶ οὐ θαυμάσει πρόσωπον.

20 ²⁰ὠνείδισαν γὰρ ἔθνη Ἰερουσαλὴμ ἐν καταπατήσει·

    κατέσπασεν τὸ κάλλος αὐτῆς ἀπὸ θρόνου δόξης.

21 ²¹περιεζώσατο σάκκον ἀντὶ ἐνδύματος εὐπρεπείας,

    σχοινίον περὶ τὴν κεφαλὴν αὐτῆς ἀντὶ στεφάνου.

22 ²²περιείλατο μίτραν δόξης ἣν περιέθηκεν αὐτῇ ὁ θεός·

23 ²³ἐν ἀτιμίᾳ τὸ κάλλος αὐτῆς ἀπερρίφη ἐπὶ τὴν γῆν.

24 ²⁴καὶ ἐγὼ εἶδον, καὶ ἐδεήθην τοῦ προσώπου Κυρίου καὶ εἶπον

    Ἱκάνωσον, Κύριε, τοῦ βαρύνεσθαι χεῖράς σου ἐπὶ Ἰσραὴλ

    ἐν ἐπαγωγῇ ἐθνῶν.

25 ²⁵ὅτι ἐνέπαιξαν καὶ οὐκ ἐφείσαντο, ἐν ὀργῇ καὶ θυμῷ μετὰ μη-

    νίσεως·

26 ²⁶καὶ συντελεσθήσονται, ἐὰν μὴ σύ, Κύριε, ἐπιτιμήσεις αὐτοῖς

    ἐν ὀργῇ σου.

27 ²⁷ὅτι οὐκ ἐν ζήλει ἐποίησαν, ἀλλ᾽ ἐν ἐπιθυμίᾳ ψυχῆς,

28 ²⁸ἐκχέαι τὴν ὀργὴν αὐτῶν εἰς ἡμᾶς ἐν ἁρπάγματι.

    καὶ μὴ χρονίσῃς, ὁ θεός, τοῦ ἀποδοῦναι αὐτοῖς εἰς κεφαλάς,

29 ²⁹τοῦ εἰπεῖν τὴν ὑπερηφανίαν τοῦ δράκοντος ἐν ἀτιμίᾳ.

30 ³⁰καὶ οὐκ ἐχρόνισα ἕως ἔδειξέν μοι ὁ θεὸς τὴν ὕβριν αὐτοῦ,

    ἐκκεκεντημένον ἐπὶ τῶν ὀρέων Αἰγύπτου,

    ὑπὲρ ἐλαχίστου ἐξουδενωμένον ἐπὶ γῆς καὶ θαλάσσης·

31 ³¹τὸ σῶμα αὐτοῦ διαφερόμενον ἐπὶ κυμάτων ἐν ὕβρει πολλῇ,

    καὶ οὐκ ἦν ⁵ὁ θάπτων·   § c

32 ³²ὅτι ἐξουθένωσεν αὐτὸν ἐν ἀτιμίᾳ·

    οὐκ ἐλογίσατο ὅτι ἄνθρωπός ἐστιν,

    καὶ τὸ ὕστερον οὐκ ἐλογίσατο.

33 ³³εἶπεν Ἐγὼ κύριος γῆς καὶ θαλάσσης ἔσομαι·

    καὶ οὐκ ἐπέγνω ὅτι ὁ θεὸς μέγας,

    κραταιὸς ἐν ἰσχύι αὐτοῦ τῇ μεγάλῃ.

---

    20 ονειδισαν i | κατεσπασε hilmpv   **22** περιειλετο hilmpv   **24** Κυριου] chilmpv
+του θεου i | και 3°] καγω i | om Κυριε i | χειρα hi (χειρα σου του βαρ. i) lmpv |
Ιερουσαλημ hilmpv | επαγωγη ilmrp] απαγ. hv   **26** επιτιμησης hilmpv |
αυτοις hmprv] αυτους il   **27** ζηλω hilmpv | αλλα hlmpv   **28** εκχεας
i | om και hilmpv   **29** ατιμια hlmpv] αἰτία μία r ἀτιμία μιᾶ i   **30** εως]
+ου i | εδειξε himpv   **31** διαφερομενον ilr] διεφθαρμενον hmpv   **32** εξ-
ουδενωσεν chilmpv | εστι chmpv   **33** ειπειν l (de c non liq) | κραταιος] pr
και (? κ̅ς̅) c

r ³⁴αὐτὸς βασιλεὺς ἐπὶ τῶν οὐρανῶν   34
   καὶ κρίνων βασιλεῖς καὶ ἀρχάς·
³⁵ὁ ἀνιστῶν ἐμὲ εἰς δόξαν,   35
   καὶ κοιμίζων ὑπερηφάνους εἰς ἀπωλίαν αἰῶνος ἐν ἀτιμίᾳ,
   ὅτι οὐκ ἔγνωσαν αὐτόν.
³⁶καὶ νῦν ἴδετε, οἱ μεγιστᾶνες τῆς γῆς, τὸ κρίμα τοῦ κυρίου·   36
   ὅτι μέγας βασιλεὺς καὶ δίκαιος, κρίνων τὴν ὑπ᾽ οὐρανόν.
³⁷εὐλογεῖτε τὸν θεόν, οἱ φοβούμενοι τὸν κύριον ἐν ἐπιστήμῃ,   37
   ὅτι τὸ ἔλεος Κυρίου ἐπὶ τοὺς φοβουμένους αὐτόν, μετὰ κρί-
   ματος,
³⁸τοῦ διαστεῖλαι ἀνὰ μέσον δικαίου καὶ ἁμαρτωλοῦ,   38
   ἀποδοῦναι ἁμαρτωλοῖς εἰς τὸν αἰῶνα κατὰ τὰ ἔργα αὐτῶν·
³⁹καὶ ἐλεῆσαι δίκαιον ἀπὸ ταπεινώσεως ἁμαρτωλοῦ,   39
   καὶ ἀποδοῦναι ἁμαρτωλῷ ἀνθ᾽ ὧν ἐποίησεν δικαίῳ.
⁴⁰ὅτι χρηστὸς ὁ κύριος τοῖς ἐπικαλουμένοις αὐτὸν ἐν ὑπομονῇ,   40
   ποιῆσαι κατὰ τὸ ἔλεος αὐτοῦ τοῖς ὁσίοις αὐτοῦ,
   παρεστάναι διὰ παντὸς ἐνώπιον αὐτοῦ ἐν ἰσχύι.
⁴¹εὐλογητὸς Κύριος εἰς τὸν αἰῶνα ἐνώπιον δούλων αὐτοῦ.   41

Γ΄

Ψαλμὸς τῷ Σαλωμὼν περὶ δικαίων.   III

¹Ἵνα τί ὑπνοῖς, ψυχή, καὶ οὐκ εὐλογεῖς τὸν κύριον;   1
²ὕμνον καὶ αἶνον ψάλλετε τῷ θεῷ τῷ αἰνετῷ.   2
   ψάλλε καὶ γρηγόρησον ἐπὶ τὴν γρηγόρησιν αὐτοῦ·
   ὅτι ἀγαθὸς ψαλμὸς τῷ θεῷ ἐξ ἀγαθῆς καρδίας.
³δίκαιοι μνημονεύουσιν διὰ παντὸς τοῦ κυρίου,   3
   ἐν ἐξομολογήσει καὶ δικαιώσει τὰ κρίματα τοῦ κυρίου.
⁴οὐκ ὀλιγωρήσει δίκαιος παιδευόμενος ὑπὸ τοῦ κυρίου·   4
   ἡ εὐδοκία αὐτοῦ διὰ παντὸς ἔναντι Κυρίου.
⁵προσέκοψεν ὁ δίκαιος καὶ ἐδικαίωσεν τὸν κύριον·   5
   ἔπεσεν, καὶ ἀποβλέπει τί ποιήσει αὐτῷ ὁ θεός·

chilmpv   35 ο ανιστων clr] om o himpv | απωλειαν chilmpv | αιωνος] αιωνιον chilmpv | αυτων l   36 om του chilmpv   37 Κυριου cᵐᵍhimprv] αυτου cᵗˣᵗl   39 αμαρτωλου]+αποδουναι αμαρτωλοις εις τον αιωνα κατα τα εργα αυτων i | εποιησε chimpv   40 οσιοις] μετ hmpv   III γ΄ om hv | Σαλ-ομων chilmpv   1 ουκ ευλογεις] ου λογεις r*   2 και αινον clr] καινον himpv | ψαλατε chilpv ψαλλατε m | ψαλλε και] ψαλαι ι | θεω] κυριω i | αγα-θης ir] ολης chlmpv   3 μνημονευουσι chilmpv | του κυριου (2⁰)] om του chilmpv   4 om του chilmpv | εναντιον chᶜᵒʳʳilmpv (ενωπιον h*ᵛⁱᵈ)   5 εδικαιωσε chilmpv | επεσε chimpv

6   ⁶ἀποσκοπεύει ὅθεν ἥξει σωτηρία αὐτῷ.   r

7   ⁷ἀλήθεια τῶν δικαίων παρὰ θεοῦ σωτῆρος αὐτῶν·
      οὐκ αὐλίζεται ἐν οἴκῳ δικαίου ἁμαρτία ἐφ' ἁμαρτίαν.

8   ⁸ἐπισκέπτεται διὰ παντὸς τὸν οἶκον αὐτοῦ ὁ δίκαιος,
      τοῦ ἐξᾶραι ἀδικίαν ἐν παραπτώματι αὐτοῦ.

9   ⁹ἐξιλάσατο περὶ ἀγνοίας ἐν νηστείᾳ καὶ ταπεινώσει ψυχὴν αὐτοῦ·
10 ¹⁰καὶ ὁ κύριος καθαρίζει πᾶν ἄνδρα ὅσιον καὶ τὸν οἶκον αὐτοῦ.

11 ¹¹προσέκοψεν ἁμαρτωλός, καὶ καταρᾶται ζωὴν αὐτοῦ,
      τὴν ἡμέραν γενέσεως αὐτοῦ καὶ ὠδῖνας μητρός·

12 ¹²προσέθηκεν ἁμαρτίας ἐφ' ἁμαρτίαις τῇ ζωῇ αὐτοῦ·

13 ¹³ἔπεσεν, ὅτι πονηρὸν τὸ πτῶμα αὐτοῦ, καὶ οὐκ ἀναστήσεται.
      ἡ ἀπώλεια τοῦ ἁμαρτωλοῦ εἰς τὸν αἰῶνα,

14 ¹⁴καὶ οὐ μὴ μνησθήσεται ὅταν ἐπισκέπτηται δικαίους·

15 ¹⁵αὕτη ἡ μερὶς τῶν ἁμαρτωλῶν εἰς τὸν αἰῶνα.

16 ¹⁶οἱ δὲ φοβούμενοι τὸν κύριον ἀναστήσονται εἰς ζωὴν αἰώνιον,
      καὶ ἡ ζωὴ αὐτῶν ἐν φωτὶ Κυρίου οὐκ ἐκλείψει ἔτι.

Δ'

IV   Διαλογὴ τοῦ Σαλωμὼν τοῖς ἀνθρωπαρέσκοις.

1   ¹Ἵνα τί σύ, βέβηλε, κάθησαι ἐν συνεδρίῳ ὁσίῳ,
      καὶ ἡ καρδία σου μακρὰν ἀφέστηκεν ἀπὸ τοῦ κυρίου,
      ἐν παρανομίαις παροργίζων τὸν θεὸν 'Ισραήλ;

2   ²περισσὸς ἐν λόγοις, περισσὸς ἐν σημειώσει ὑπὲρ πάντας,
      ὁ σκληρὸς ἐν λόγοις κατακρῖναι ἁμαρτωλοὺς ἐν κρίσει.

3   ³καὶ ἡ χεὶρ αὐτοῦ ἐν πρώτοις ἐπ' αὐτὸν ὡς ἐν ζήλει,
      καὶ αὐτὸς ἔνοχος ἐν ποικιλίᾳ ἁμαρτωλῶν, ἐν ἀκρασίαις·

4   ⁴οἱ ὀφθαλμοὶ αὐτοῦ ἐπὶ πᾶσαν γυναῖκα ἄνευ διαστολῆς,
      ἡ γλῶσσα ψευδὴς ἐν συναλλάγματι μεθ' ὅρκου.

---

6 σωτηρια] pr η i | αυτω c*r] αυτου c^corr hilmpv   7 δικαιου] pr του chilmpv
chilmpv   9 om αυτου r   10 παντα chilmpv | οσιον himprv] θειον cl
11 αμαρτωλος] pr o i | ζωην] pr την i   12 προσεθηκεν ilr] προσεθηκαν
hmpv (de c non liq) | αμαρτιαις clr] αμαρτιας himpv   13 πτωμα] σπερμα i
14 ου μη] om μη chilmpv | επισκεπτεται i   15 om η chilmpv   16 om
τον chilmpv | ουκ] pr και chilmpv   IV δ' cilr] γ' hv | διαλογη του
cilr] ψαλμος τω hpv [Σαλωμων chilpv | ανθρωπαρεσκοις]+τεταρτος i (deest
tit in m)   1 καθησαι βεβηλε chilmpv | οσιω clr] οσιων i om hmpv
2 κατακρινει cl κατακρινων hmpv   3 ζηλω chilmpv | αμαρτωλων] αμαρ-
τιων chilmpv | εν 3°] pr και chilmpv   4 γλωσσα]+αυτου chilmpv

r ⁵ἐν νυκτὶ καὶ ἐν ἀποκρύφοις ἁμαρτάνει ὡς οὐχ ὁρώμενος,   5
ἐν ὀφθαλμοῖς αὐτοῦ λαλεῖ πάσῃ γυναικὶ ἐν συνταγῇ κακίας·
⁶ταχὺς εἰσόδῳ εἰς πᾶσαν οἰκίαν ἱλαρότητι ὡς ἄκακος.   6
⁷ἐξάραι ὁ θεὸς τοὺς ἐν ὑποκρίσει ζῶντας μετὰ ὁσίων,   7
ἐν φθορᾷ σαρκὸς αὐτοῦ καὶ πενίᾳ τὴν ζωὴν αὐτοῦ·
⁸ἀνακαλύψαι ὁ θεὸς τὰ ἔργα ἀνθρώπων ἀνθρωπαρέσκων,   8
ἐν καταγέλωτι καὶ μυκτηρισμῷ τὰ ἔργα αὐτοῦ.
⁹καὶ δικαιώσαισαν ὅσιοι τὸ κρίμα τοῦ θεοῦ αὐτῶν,   9
ἐν τῷ ἐξαίρεσθαι ἁμαρτωλοὺς ἀπὸ προσώπου δικαίου,
¹⁰ἀνθρωπάρεσκον λαλοῦντα μόνον μετὰ δόλου.   10
¹¹καὶ οἱ ὀφθαλμοὶ αὐτῶν ἐπ' οἶκον ἀνδρὸς ἐν εὐσταθίᾳ, ὡς ὄφις,   11
διαλῦσαι σοφίαν ἀλλήλων ἐν λόγοις παρανόμων.
¹²οἱ λόγοι αὐτοῦ παραλογισμοί,   12
εἰς πρᾶξιν ἐπιθυμίας ἀδίκων.
¹³οὐκ ἀπέστη ἕως ἐνίκησεν σκορπίσαι ὡς ἐν ὀρφανίᾳ,   13
καὶ ἠρήμωσεν οἶκον ἕνεκεν ἐπιθυμίας παρανόμου.
¹⁴παρελογίσατο ἐν λόγοις ὅτι οὐκ ἔστιν ὁρῶν καὶ κρίνων,   14
¹⁵ἐπλήσθη ἐν παρανομίᾳ ἐν ταύτῃ·   15
καὶ οἱ ὀφθαλμοὶ αὐτοῦ ἐπ' οἶκον ἕτερον ὀλοθρεῦσαι ἐν λόγοις
ἀναπτερώσεως·
οὐκ ἐμπίπλαται ἡ ψυχὴ αὐτοῦ, ὡς ἅδης, ἐν πᾶσι τούτοις.
¹⁶γένοιτο, Κύριε, ἡ μερὶς αὐτοῦ ἐν ἀτιμίᾳ ἐνώπιόν σου,   16
ἡ ἔξοδος αὐτοῦ ἐν στεναγμοῖς καὶ ἡ εἴσοδος αὐτοῦ ἐν ἀρᾷ·
¹⁷ἐν ὀδύναις καὶ πενίᾳ καὶ ἀπορίᾳ ἡ ζωὴ αὐτοῦ, Κύριε,   17
ὁ ὕπνος αὐτοῦ ἐν λύπαις καὶ ἡ ἐξέγερσις αὐτοῦ ἐν ἀπο-
ρίαις·
¹⁸ἀφαιρεθείη ὕπνος ἀπὸ κροτάφων αὐτοῦ ἐν νυκτί,   18
ἀποπέσοιεν ἀπὸ παντὸς ἔργου χειρῶν αὐτοῦ·
¹⁹καὶ ἐλλιπὴς ὁ οἶκος αὐτοῦ ἀπὸ παντὸς οὗ ἐμπλήσει ψυχὴν 19
αὐτοῦ,

---

chilmpv   6 ως ακακος] ωσακκος r   9 δικαιωσαισαν ir] δικαιωσαιαν c δικαιως ειεν
l δικαιωσαιεν hmpv | οσιοι clr] pr οι himpr | δικαιον] pr του i   10 μονον]
νομον chilmpv | δολου] δουλου r   11 αυτων] αυτου i | επ οικον clr] εν
οικω hmpv | ευσταθεια chlv   12 αδικου chilmpv   13 απεστη clr] ανεστη
hpv | οικον cilr] om hmpv   15 ολοθρευσαι hilmpv (de c non liq) | ως
αδης clr] ως ο αδ. i om hmpv   17 πενια] pr εν hmpv | om και 2° r |
λυπαις cilr] οδυναις hmpv | εξεγερσις] εγερσις i | αποματα mp   18 απο-
πεσοιεν] αποπεσοι chilv αποπεσει mp | χειρος mp | αυτου 2°]+ εν ατιμια
chilmpv   19 και] pr κενος χερσιν αυτου εισελθοι εις τον οικον αυτου·
chilmpv

20   ²⁰ἐν μονίᾳ ἀτεκνίας τὸ γῆρας αὐτοῦ εἰς ἀνάλημψιν.   τ
21   ²¹σκορπισθείησαν σάρκες ἀνθρωπαρέσκων ὑπὸ θηρίων,
      καὶ ὀστᾶ παρανόμων κατέναντι τοῦ ἡλίου ἐν ἀτιμίᾳ.
22   ²²ὀφθαλμοὺς ἐκκόψαισαν κόρακες ὑποκρινομένων,
23   ²³ὅτι ἠρήμωσεν οἴκους πολλοὺς ἀνθρώπων ἐν ἀτιμίᾳ
      καὶ ἐσκόρπισεν ἐπιθυμίᾳ.
24   ²⁴καὶ οὐκ ἐμνήσθησαν θεοῦ,
      καὶ οὐκ ἐφοβήθησαν τὸν θεὸν ἐν ἅπασι τούτοις.
25   ²⁵καὶ παρώργισαν τὸν θεόν,
      καὶ παρώξυναν ἐξᾶραι αὐτοὺς ἀπὸ τῆς γῆς·
      ὅτι ψυχὰς ἀκάκων παραλογισμῷ ὑπεκρίνοντο.
26   ²⁶μακάριοι οἱ φοβούμενοι τὸν κύριον ἐν ἀκακίᾳ αὐτῶν·
27   ²⁷καὶ ὁ κύριος ῥύσεται αὐτοὺς ἀπὸ ἀνθρώπων δολίων καὶ ἁμαρ-
      τωλῶν·
      καὶ ῥύσεται ἡμᾶς ἀπὸ παντὸς σκανδάλου παρανόμου.
28   ²⁸ἐξᾶραι ὁ θεὸς τοὺς ποιοῦντας ἐν ὑπερηφανίᾳ πᾶσαν ἀδικίαν,
      ὅτι κριτὴς μέγας καὶ κραταιὸς Κύριος ὁ θεὸς ἡμῶν ἐν δι-
      καιοσύνῃ.
29   ²⁹γένοιτο, Κύριε, τὸ ἔλεός σου ἐπὶ πάντας τοὺς ἀγαπῶντάς σε.

Ε΄

v   Ψαλμὸς τῷ Σαλωμών.

1   ¹Κύριε ὁ θεός, αἰνέσω τῷ ὀνόματί σου ἐν ἀγαλλιάσει,
      ἐν μέσῳ ἐπισταμένων τὰ κρίματά σου τὰ δίκαια.
2   ²ὅτι εὔχρηστος καὶ ἐλεήμων ἡ καταφυγὴ τοῦ πτωχοῦ·
3   ³ἐν τῷ κεκραγέναι με πρὸς σὲ μὴ παρασιωπήσῃς ἀπ᾽ ἐμοῦ.
4   ⁴οὐ γὰρ λήψεται σκῦλα παρὰ ἀνδρὸς δυνατοῦ·
5   ⁵καὶ τίς λήψεται ἀπὸ πάντων ὧν ἐποίησας, ἐὰν μὴ σὺ δῷς;
6   ⁶ὅτι ἄνθρωπος καὶ ἡ μερὶς αὐτοῦ παρὰ σοῦ ἐν σταθμῷ·
      οὐ προσθήσει τοῦ πλεονάσαι παρὰ τὸ κρίμα σου, ὁ θεός.

---

20 μονωσει chilmpv | αναληψιν chilmpv   **22** οφθαλμους εκκοψαισαν chilmpv
κορακες] εκκοψειαν κορακες οφθ. ανθρωπων chilmpv   **23** ηρημωσαν chilmpv |
πολλων ανθρωπων l ανθρωπων πολλων c | εσκορπισεν (εσκοπ. r*)] εσκορπισαν
εν chilmpv   **24** εμνησθησαν θεου] εμνησθης ανοῦ r | απασι clr] πασι hmpv
25 παρωξυνεν r   **27** om και 1° chilmpv   V ε΄ cilr] δ΄ hv | τω
Σαλωμων ψαλμος πεμπτος i ψ. Σολομων cl ψ. Σαλωμων hpv (deest tit in m)
1 το ονομα imp   **2** ευχρηστος] συ χρηστος chilmpv | η cilr] ει hmpv
4 ου γαρ...δυνατου] om cl | σκυλα ir]+ανθρωπος hmpv   **6** παρα] απο
i | σου 1° cilr] σοι hmpv

r ⁷ἐν τῷ θλίβεσθαι ἡμᾶς ἐπικαλεσόμεθα εἰς βοήθειαν, 7
   καὶ σὺ οὐκ ἀποστρέψῃ τὴν δέησιν ἡμῶν,
   ὅτι σὺ ὁ θεὸς ἡμῶν εἶ.
   ⁸μὴ βαρύνῃς τὴν χεῖρά σου ἐφ᾽ ἡμᾶς, 8
   ἵνα μὴ δι᾽ ἀνάγκην ἁμάρτωμεν.
   ⁹καὶ ἐὰν μὴ ἐπιστρέψῃς ἡμᾶς, οὐκ ἀφεξόμεθα, 9
   ἀλλ᾽ ἐπὶ σὲ ἥξομεν·
   ¹⁰ἐὰν γὰρ πεινάσω, πρὸς σὲ κεκράξομαι, ὁ θεός, 10
   καὶ σὺ δώσεις μοι.
   ¹¹τὰ πετεινὰ καὶ τοὺς ἰχθύας σὺ τρέφεις, 11
   ἐν τῷ διδόναι σὲ ὑετὸν ἐρήμοις εἰς ἀνατολὴν χλόης,
   ἑτοιμάσαι χορτάσματα ἐν ἐρήμῳ παντὶ ζῶντι·
   ¹²καὶ ἐὰν πεινάσωσιν, πρὸς σὲ ἀροῦσιν πρόσωπον αὐτῶν. 12
   ¹³τοὺς βασιλεῖς καὶ ἄρχοντας καὶ λαοὺς σὺ τρέφεις, ὁ θεός, 13
   καὶ πτωχοῦ καὶ πένητος ἡ ἐλπὶς τίς ἐστιν εἰ μὴ σύ, Κύριε;
   ¹⁴καὶ σὺ ἐπακούσῃ, ὅτι τίς χρηστὸς καὶ ἐπιεικὴς ἀλλ᾽ ἢ σύ; 14
   εὐφρᾶναι ψυχὴν ταπεινοῦ ἐν τῷ ἀνοῖξαι χεῖρά σου ἐν ἐλέει.
   ¹⁵ἡ χρηστότης ἀνθρώπου ἐν φειδῷ, καὶ ἡ αὔριον· 15
   καὶ ἐὰν δευτερώσῃ ἄνευ γογγυσμοῦ, καὶ τοῦτο θαυμάσειας.
¶ἱ ¹⁶τὸ δὲ δόμα σου πολὺ μετὰ χρηστότητος ⸆καὶ πλούσιον, 16
   καὶ οὗ ἐστιν ἡ ἐλπὶς ἐπὶ σέ, οὐ φείσεται ἐν δόματι·
   ¹⁷ἐπὶ πᾶσαν τὴν γῆν τὸ ἔλεός σου, Κύριε, ἐν χρηστότητι. 17
   ¹⁸μακάριος οὗ μνημονεύει ὁ θεὸς ἐν συμμετρίᾳ αὐταρκίας· 18
   ¹⁹ἐὰν ὑπερπλεονάσῃ ὁ ἄνθρωπος, ἐξαμαρτάνει· 19
   ²⁰ἱκανὸν τὸ μέτριον ἐν δικαιοσύνῃ, 20
   καὶ ἐν τούτῳ ἡ εὐλογία Κυρίου, εἰς πλησμονὴν ἐν δικαιοσύνῃ.
   ²¹ηὐφράνθησαν οἱ φοβούμενοι Κύριον ἐν ἀγαθοῖς, 21
   καὶ ἡ χρηστότης σου ἐπὶ Ἰσραὴλ τῇ βασιλείᾳ σου.
   ²²εὐλογημένη ἡ δόξα Κυρίου, 22
   ὅτι αὐτὸς βασιλεὺς ἡμῶν.

chilmpv   7 αποστρεψη lr] αποστρεψης i αποστρεψεις hmpv (de c non liq) | ει ο
θεος ημων chilmpv   8 βαρυνεις i   9 αλλα hmpv   11 τρεφεις]
+κε cᶠᵒʳᵗ | ερημοις] pr εν chilmpv   12 πεινασωσι chilmpv | αρουσι
chilmpv | προσωπον ir] προσωπα chlmpv   13 αρχοντας cilr] pr τους hmpv |
τρεφεις] στρεφεις r   14 επακουσης r | ελεω chilmpv   15 φειδω clr]
φειδοι i φιλω hmpv | και εαν clr]+και himpv   16 ου 1°] ουκ r | η ελπις
επι σε] επι σε Κυριε η ελπις chlmpv   18 αυταρκιας r (-κειας cl)] αυταρ-
κεσιας hmpv   21 ευφρανθησαν chlmpv | τη βασιλεια] pr εν chlmpv

Ϛ′

VI   'Εν ἐλπίδι· τῷ Σαλωμών.

1   ¹Μακάριος ἀνὴρ οὗ ἡ καρδία αὐτοῦ ἑτοίμη ἐπικαλέσασθαι τὸ r
ὄνομα Κυρίου·

2   ²ἐν τῷ μνημονεύειν αὐτὸν τὸ ὄνομα Κυρίου σωθήσεται.

3   ³αἱ ὁδοὶ αὐτοῦ κατευθύνονται ὑπὸ Κυρίου,
καὶ πεφυλαγμένα ἔργα χειρῶν αὐτοῦ ὑπὸ Κυρίου θεοῦ αὐτοῦ.

4   ⁴ἀπὸ ὁράσεως πονηρῶν ἐνυπνίων αὐτοῦ οὐ ταραχθήσεται·

5   ⁵ἡ ψυχὴ αὐτοῦ ἐν διαβάσει ποταμῶν καὶ σάλῳ θαλασσῶν οὐ
πτοηθήσεται.

6   ⁶ἐξανέστη ἐξ ὕπνου αὐτοῦ,
καὶ ηὐλόγησεν τῷ ὀνόματι Κυρίου.

7   ⁷ἐπ' εὐσταθίᾳ καρδίας αὐτοῦ ἐξύμνησεν τῷ ὀνόματι τοῦ θεοῦ,
καὶ ἐδεήθη τοῦ προσώπου Κυρίου περὶ παντὸς τοῦ οἴκου
αὐτοῦ.

8   ⁸καὶ Κύριος εἰσήκουσεν προσευχὴν παντὸς ἐν φόβῳ θεοῦ,
καὶ πᾶν αἴτημα ψυχῆς ἐλπιζούσης πρὸς αὐτὸν ἐπιτελεῖ ὁ
κύριος.

9   ⁹εὐλογητὸς Κύριος ὁ ποιῶν ἔλεος τοῖς ἀγαπῶσιν αὐτὸν ἐν ἀληθείᾳ.

Ζ′

VII   Τῷ Σαλωμών· ἐπιστροφῆς.

1   ¹Μὴ ἀποσκηνώσῃς ἀφ' ἡμῶν, ὁ θεός,
ἵνα μὴ ἐπιθῶνται ἡμῖν οἱ ἐμίσησαν ἡμᾶς δωρεάν.

2   ²ὅτι ἀπώσω αὐτούς, ὁ θεός·
μὴ πατησάτω ὁ ποὺς αὐτῶν κληρονομίαν ἁγιάσματός σου.

3   ³σὺ ἐν θελήματί σου παίδευσον ἡμᾶς,
καὶ μὴ δῷς ἔθνεσιν.

4   ⁴ἐὰν γὰρ ἀποστείλῃς θάνατον, σὺ ἐντελῇ αὐτῷ περὶ ἡμῶν·
ὅτι σὺ ἐλεήμων, καὶ οὐκ ὀργισθήσῃ τοῦ συντελέσαι ἡμᾶς,

5   ⁵ἐν τῷ κατασκηνοῦν τὸ ὄνομά σου ἐν μέσῳ ἡμῶν ἐλεηθησόμεθα.

VI Ϛ′ cl] ε′ h om r | Σαλωμων chl Σολομων r (deest tit in m)   **1** επι- chlmpv
καλεσασθαι cr] επικαλεισθαι hlmpv   **4** ορασεων chlmpv | σαλων hmpv
σαλον clr   **6** ευλογησεν l ευλογησε chmpv | τω ονοματι clr] το ονομα
hmpv   **7** ευσταθια] ευσταθεια chlv | εξυμνησε chlmpv | τω ονοματι
clr] το ονομα hmpv | του θεου] + αυτου chlmpv   **8** εισηκουσε chlmpv |
ο κυριος] om o chlmpv   **9** ελεος clr] ελεον hmpv   VII Ϛ′ clr] Ϛ′ hv ¹
Σαλομων chlmpv Σολομων r deest tit in m   **1** μισησαντες chlmpv

r   ⁶καὶ οὐκ ἰσχύσει πρὸς ἡμᾶς ἔθνος,   6
ὅτι σὺ ὑπερασπιστὴς ἡμῶν.

⁷καὶ ἡμεῖς ἐπικαλεσόμεθά σε, καὶ σὺ ἐπακούσῃ ἡμῶν·   7
⁸ὅτι σὺ οἰκτειρήσεις τὸ γένος Ἰσραὴλ εἰς τὸν αἰῶνα καὶ 8
οὐκ ἀπώσει·
καὶ ἡμεῖς ὑπὸ ζυγόν σου τὸν αἰῶνα,
καὶ μάστιγα παιδίας σου.

⁹κατευθυνεῖς ἡμᾶς ἐν καιρῷ ἀντιλήψεώς σου,   9
τοῦ ἐλεῆσαι τὸν οἶκον Ἰακὼβ εἰς ἡμέραν ἐν ᾗ ἐπηγγείλω αὐτοῖς.

Η΄

Τῷ Σαλωμών· εἰς νῖκος.   VIII

¹Θλίψιν καὶ φωνὴν πολέμου ἤκουσεν τὸ οὖς μου,   1
φωνὴν σάλπιγγος ἠχούσης σφαγὴν καὶ ὄλεθρον·
²φωνὴ λαοῦ πολλοῦ ὡς ἀνέμου πολλοῦ σφόδρα,   2
ὡς καταιγὶς πυρὸς πολλοῦ φερομένου δι' ἐρήμου.
³καὶ εἶπα τῇ καρδίᾳ μου   3
Ποῦ ἄρα κρινεῖ αὐτὸν ὁ θεός;
⁴φωνὴν ἤκουσα εἰς Ἰερουσαλὴμ πόλιν ἁγιάσματος·   4
⁵συνετρίβη ἡ ὀσφύς μου ἀπὸ ἀκοῆς, παρελύθη γόνατά μου. 5
⁶ἐφοβήθη ἡ καρδία μου, ἐταράχθη τὰ ὀστᾶ μου ὡς λίνον· 6
⁷εἶπα Κατευθυνοῦσιν ὁδοὺς αὐτῶν ἐν δικαιοσύνῃ.   7
ἀνελογισάμην τὰ κρίματα τοῦ θεοῦ ἀπὸ κτίσεως οὐρανοῦ καὶ γῆς·
ἐδικαίωσα τὸν θεὸν ἐν τοῖς κρίμασιν αὐτοῦ τοῖς ἀπ' αἰῶνος.
⁸ἀνεκάλυψεν ὁ θεὸς τὰς ἁμαρτίας αὐτῶν ἐναντίον τοῦ ἡλίου· 8
ἔγνω πᾶσα ἡ γῆ τὰ κρίματα τοῦ θεοῦ τὰ δίκαια.
⁹ἐν καταγαίοις κρυφίοις αἱ παρανομίαι αὐτῶν ἐν παροργισμῷ· 9
¹⁰υἱὸς μετὰ μητρὸς καὶ πατὴρ μετὰ θυγατρὸς συνεφύροντο. 10
¹¹ἐμοιχῶντο ἕκαστος τὴν γυναῖκα τοῦ πλησίον αὐτοῦ· 11
συνέθεντο αὐτοῖς συνθήκας μετὰ ὅρκου περὶ τούτων.
¹²τὰ ἅγια τοῦ θεοῦ διηρπάζοσαν,   12
ὡς μὴ ὄντος κληρονόμου λυτρουμένου.

chlmpv   7 om συ cl | επακουσεις cl   8 απωση chlmpv | παιδιας r (-δειας hmpv)] παιδεια l (de c non liq)   9 η] ω r   VIII η΄ clr^corr] ζ΄ hpv θ΄ r* | Σαλομων chlpv Σολομων r (deest tit in m)   1 ηκουσε chlmpv | το ους μου] η ψυχη μου c^mg]^mg   3 ειπον chlmpv: item 7 | αυτην cl   4 εις clr] εν hmpv   7 οδους] δους r   8 ανακαλυψεν r | εγνωσαν cl   9 καταγαιης l | κρυφοις cl   11 την γυναικα] om την chlmpv   12 διηρπαζον chlmpv | ως μη] ουκ chlmpv

13 ¹³ἐπατοῦσαν τὸ θυσιαστήριον Κυρίου ἀπὸ πάσης ἀκαθαρσίας   r
   ⁱⁱκαὶ ἐν ἀφέδρῳ αἵματος ἐμίαναν τὰς θυσίας, ὡς κρέα βέβηλα· §i
14 ¹⁴οὐ παρέλειπον ἁμαρτίαν ἣν οὐκ ἐποίησαν ὑπὲρ τὰ ἔθνη.
15 ¹⁵διὰ τοῦτο ἐκέρασεν αὐτοῖς ὁ θεὸς πνεῦμα πλανήσεως,
   ἐπότισεν αὐτοὺς ποτήριον οἴνου ἀκράτου εἰς μέθην.
16 ¹⁶ἤγαγεν τὸν ἀπ᾽ ἐσχάτου τῆς γῆς, τὸν παίοντα κραταιῶς,
17 ¹⁷ἔκρινεν τὸν πόλεμον ἐπὶ Ἰερουσαλὴμ καὶ τὴν γῆν αὐτῆς.
18 ¹⁸ἠπάντησαν αὐτῷ οἱ ἄρχοντες τῆς γῆς μετὰ χαρᾶς,
   εἶπαν αὐτῷ Ἐπευκτὴ ἡ ὁδός σου· δεῦτε εἰσέλθατε μετ᾽ εἰρήνης.
19 ¹⁹ὡμάλισαν ὁδοὺς τραχείας ἀπὸ εἰσόδου αὐτοῦ,
   ἤνοιξαν πύλας ἐπὶ Ἰερουσαλήμ, ἐστεφάνωσαν τείχη αὐτῆς.
20 ²⁰εἰσῆλθεν ὡς πατὴρ εἰς οἶκον υἱῶν αὐτοῦ μετ᾽ εἰρήνης,
   ἔστησεν τοὺς πόδας αὐτοῦ μετὰ ἀσφαλείας πολλῆς.
21 ²¹κατελάβετο τὰς πυργοβάρεις αὐτῆς καὶ τὸ τεῖχος Ἰερουσαλήμ,
22 ²²ὅτι ὁ θεὸς ἤγαγεν αὐτὸν μετὰ ἀσφαλείας ἐν τῇ πλανήσει
   αὐτῶν.
23 ²³ἀπώλεσεν ἄρχοντας αὐτῶν καὶ πᾶν σοφὸν ἐν βουλῇ,
   ἐξέχεεν τὸ αἷμα τῶν οἰκούντων Ἰερουσαλὴμ ὡς ὕδωρ ἀκα-
   θαρσίας.
24 ²⁴ἀπήγαγεν τοὺς υἱοὺς καὶ τὰς θυγατέρας αὐτῶν,
   ἃ ἐγέννησαν ἐν βεβηλώσει.
25 ²⁵ἐποίησαν κατὰ τὰς ἀκαθαρσίας αὐτῶν, καθὼς οἱ πατέρες αὐτῶν·
26 ²⁶ἐμίανεν Ἰερουσαλὴμ καὶ τὰ ἡγιασμένα τῷ ὀνόματι τοῦ θεοῦ.
27 ²⁷ἐδικαιώθη ὁ θεὸς ἐν τοῖς κρίμασιν αὐτοῦ ἐν τοῖς ἔθνεσι τῆς γῆς,
28 ²⁸καὶ οἱ ὅσιοι τοῦ θεοῦ ὡς ἀρνία ἐν ἀκακίᾳ ἐν μέσῳ αὐτῶν.
29 ²⁹αἰνετὸς Κύριος ὁ κρίνων πᾶσαν τὴν γῆν ἐν δικαιοσύνῃ αὐτοῦ.
30 ³⁰ἰδοὺ δή, ὁ θεός, ἔδειξας ἡμῖν τὸ κρίμα σου ἐν τῇ δικαιοσύνῃ σου,
31 ³¹εἴδοσαν οἱ ὀφθαλμοὶ ἡμῶν τὰ κρίματά σου, ὁ θεός.
   ἐδικαιώσαμεν τὸ ὄνομά σου τὸ ἔντιμον εἰς αἰῶνας,
32 ³²ὅτι σὺ ὁ θεὸς τῆς δικαιοσύνης, κρίνων τὸν Ἰσραὴλ ἐν παιδείᾳ.
33 ³³ἐπίστρεψον, ὁ θεός, τὸ ἔλεός σου ἐφ᾽ ἡμᾶς καὶ οἰκτείρησον ἡμᾶς·
34 ³⁴συνάγαγε τὴν διασπορὰν Ἰσραὴλ μετὰ ἐλέους καὶ χρηστότητος.

13 επατουν chlmpv | ακαθαρσιας] θαρσ sup ras r | εμαινον chlmpv chilmpv
14 παρελιπον chilmpv   15 αυτους cilr] αυτοις hmpv   16 ηγαγε chmpv |
om τον 2° i   17 εκρινε chilmpv   18 ειπον hilmpv | εισελθετε chilmpv
19 ομαλισαν i | αυτου ilr] αυτων hmpv   20 εστησε chmpv | post ποδας 2
vel 3 litt ras r | μετ i   22 ο θεος] om o chilmpv   23 παντα chilmpv |
εξεχεε chimpv   24 απηγαγε chilmpv | α] as chilmpv | εγεννησεν m
26 εμιαναν chilmpv   27 εθνεσι chilmprᶜᵒʳʳ v   29 om γην εν i   30 ειδον
chilmpv   31 ημων cilr] αυτων hmpv   32 την δικαιοσυνην r   34 Ιλημ
c* | μετα cr] μετ hilmpv | ελεου cᶜᵒʳʳ hilmpv (παιδ incep c*)

ſ ³⁵ὅτι πίστις σου μεθ᾽ ἡμῶν, καὶ ἡμεῖς ἐσκληρύναμεν τράχηλον 35
ἡμῶν,
καὶ σὺ παιδευτὴς ἡμῶν εἶ.
³⁶μὴ ὑπερίδῃς ἡμᾶς, ὁ θεὸς ἡμῶν,   36
ἵνα μὴ καταπίωσιν ἡμᾶς ἔθνη, ὡς μὴ ὄντος λυτρουμένου.
³⁷καὶ σὺ ὁ θεὸς ἡμῶν ἀπ᾽ ἀρχῆς,   37
καὶ ἐπὶ σὲ ἡ ἐλπὶς ἡμῶν, Κύριε·
³⁸καὶ ἡμεῖς οὐκ ἀφεξόμεθά σου,   38
ὅτι χρηστὰ τὰ κρίματά σου εἰς ἡμᾶς.
³⁹ἡμῖν καὶ τοῖς τέκνοις ἡμῶν ἡ εὐδοκία εἰς τὸν αἰῶνα·   39
Κύριε σωτὴρ ἡμῶν, οὐ σαλευθησόμεθα ἔτι τὸν αἰῶνα χρόνον.
⁴⁰αἰνετὸς Κύριος ἐν τοῖς κρίμασιν αὐτοῦ ἐν στόματι ὁσίων,   40
καὶ εὐλογημένος Ἰσραὴλ ὑπὸ Κυρίου εἰς τὸν αἰῶνα.

Θ´

Τῷ Σαλωμών· εἰς ἔλεγχον.   IX

¹Ἐν τῷ ἀπαχθῆναι Ἰσραὴλ ἐν ἀποικεσίᾳ εἰς γῆν ἀλλοτρίαν,   ι
ἐν τῷ ἀποστῆναι αὐτοὺς ἀπὸ Κυρίου τοῦ λυτρωσαμένου
αὐτούς,
²ἀπερίφησαν ἀπὸ κληρονομίας ἧς ἔδωκεν αὐτοῖς Κύριος·   2
ἐν παντὶ ἔθνει ἡ διασπορὰ τοῦ Ἰσραὴλ κατὰ τὸ ῥῆμα τοῦ
θεοῦ·
³ἵνα δικαιωθῇς, ὁ θεός, ἐν τῇ δικαιοσύνῃ σου ἐν ταῖς ἀνομίαις 3
ἡμῶν·
⁴ὅτι σὺ κριτὴς δίκαιος ἐπὶ πάντας τοὺς λαοὺς τῆς γῆς.   4
⁵οὐ γὰρ κρυβήσεται ἀπὸ τῆς γνώσεώς σου πᾶς ποιῶν ἄδικα,   5
⁶καὶ αἱ δικαιοσύναι τῶν ὁσίων σου ἐνώπιόν σου, Κύριε·   6
καὶ ποῦ κρυβήσεται ἄνθρωπος ἀπὸ τῆς γνώσεώς σου, ὁ θεός;
⁷τὰ ἔργα ἡμῶν ἐν ἐκλογῇ καὶ ἐξουσίᾳ τῆς ψυχῆς ἡμῶν,   7
τοῦ ποιῆσαι δικαιοσύνην καὶ ἀδικίαν ἔργοις χειρῶν ἡμῶν.
⁸καὶ ἐν τῇ δικαιοσύνῃ σου ἐπισκέπτῃ υἱοὺς ἀνθρώπων·   8

chilmpv   35 πιστις] pr η chilmpv | τραχηλον] pr τον chilmpv   36 καταπιη
chilmpv | om ως chilmpv   37 η ελπις ημων] ηλπισαμεν chilmpv   38 εις]
εφ chilmpv   39 η ευδοκια] om η cl | η ευδ. αυτων i | Κυριος c   40 στο-
μασιν i | και]+συ hmpv   IX τω Σαλομων εις νικος ψαλμος θ´ και εις ελ.
i | Σαλομων chilprv (deest lit in m)   1 Ιερουσαλημ i | αποικησια hmp
2 απερριφησαν chilmpv | ο κυριος i | η διασπορα cilr] επι διασπ. hmpv
3 om τη i   5 αδικα] κακα chilmpv   6 om αι cl   7 εργοις] pr εν chlmpv

9 ⁹ὁ ποιῶν δικαιοσύνην θησαυρίζει ζωὴν αὐτῷ παρὰ Κυρίῳ,   I
     καὶ ὁ ποιῶν ἀδικίαν αὐτὸς αἴτιος τῆς ψυχῆς ἐν ἀπωλείᾳ.

10 ¹⁰τὰ γὰρ κρίματα Κυρίου ἐν δικαιοσύνη κατ᾽ ἄνδρα καὶ οἶκον.

11 ¹¹τίνι χρηστεύσῃ, ὁ θεός, εἰ μὴ τοῖς ἐπικαλουμένοις τὸν κύριον;

12 ¹²καθαρίσει ἐν ἁμαρτίαις ψυχὴν ἐν ἐξομολογήσει, ἐν ἐξαγορίαις.

13 ¹³ὅτι αἰσχύνη ἡμῖν καὶ τοῖς προσώποις ἡμῶν περὶ ἁπάντων·

14 ¹⁴καὶ τίνι ἀφήσει ἁμαρτίας, εἰ μὴ τοῖς ἡμαρτηκόσι;

15 ¹⁵δικαίους εὐλογήσεις, καὶ οὐκ εὐθυνεῖς περὶ ὧν ἡμάρτοσαν,
     καὶ ἡ χρηστότης σου περὶ ἁμαρτάνοντας ἐν μεταμελείᾳ.

16 ¹⁶καὶ νῦν σὺ ὁ θεός, καὶ ἡμεῖς λαός σου ὃν ἠγάπησας·
     ἴδε καὶ οἰκτείρησον, ὁ θεὸς Ἰσραήλ, ὅτι σοί ἐσμεν·
     καὶ μὴ ἀποστήσῃς ἔλεός σου ἀφ᾽ ἡμῶν,
     ἵνα μὴ ἐπιθῶνται ἡμῖν.

17 ¹⁷ὅτι σὺ ᾑρετίσω τὸ σπέρμα Ἀβραὰμ παρὰ πάντα τὰ ἔθνη,

18 ¹⁸καὶ ἔθου τὸ ὄνομά σου ἐφ᾽ ἡμᾶς, Κύριε·
     καὶ οὐ καταπαύσεις τὸν αἰῶνα.

19 ¹⁹ἐν διαθήκῃ διέθου τοῖς πατράσιν ἡμῶν περὶ ἡμῶν,
     καὶ ἡμεῖς ἐλπιοῦμεν ἐπὶ σὲ ἐν ἐπιστροφῇ ψυχῆς ἡμῶν.

20 ²⁰τοῦ κυρίου ἐλεημοσύνη ἡ ἐπ᾽ οἶκον Ἰσραὴλ
     εἰς τὸν αἰῶνα καὶ ἔτι.

Ι΄

Χ   Ἐν ὕμνοις τῷ Σαλωμών.

1 ¹Μακάριος ἀνὴρ οὗ ὁ κύριος ἐμνήσθη ἐν ἐλεγμῷ,
     καὶ ἐκυκλώθη ἀπὸ ὁδοῦ πονηρᾶς ἐν μάστιγι,
     καθαρισθῆναι ἀπὸ ἁμαρτίας, τοῦ μὴ πληθῦναι.

2 ²ὁ ἑτοιμάζων νῶτον εἰς μάστιγας, καὶ καθαρισθήσεται·
     χρηστὸς γὰρ ὁ κύριος τοῖς ὑπομένουσιν παιδείαν.

3 ³ὀρθώσει γὰρ ὁδοὺς δικαίων,
     καὶ οὐ διαπρέψει ἐν παιδείᾳ.

4 ⁴καὶ τὸ ἔλεος Κυρίου ἐπὶ τοὺς ἀγαπῶντας αὐτὸν ἐν ἀληθείᾳ,
     καὶ μνήσεται Κύριος τῶν δούλων αὐτοῦ ἐν ἐλέει·

9 εαυτω chilmpv | αδικα hmpv   **11** χρηστευσει cl χρησιμευσει i chilmpv
12 εξηγοριαις chlmpv   **13** παντων i   **14** αφεσει r | ημαρτηκοσιν l
15 ημαρτον chilmpv   **16** om σου 1° chilmpv | οικτειρον chilmpv | ελεον
chilmpv   **18** καταπαυσει cil καταπαυση hmpv | τον αιωνα] pr εις chilmpv
20 ελεημοσυνη] pr η hilmpv | επι chilmpv   **Χ** εν υμνοις] υμνος chilpv | τω
Σαλωμων chilpv + ψαλμος ι΄ i (deest tit in m)   **1** καθαρισθηναι] pr και
chlmpv   **2** om και chilmpv | om γαρ cl | υπομενουσι chilmpv   **3** δια-
πρεψει] διαστρεψει chilmpv   **4** μνησθεται chilmpv

г ⁵ἡ γὰρ μαρτυρία ἐν νόμῳ διαθήκης αἰωνίου, 5
ἡ μαρτυρία Κυρίου ἐπὶ ὁδοὺς ἀνθρώπων ἐν ἐπισκοπῇ.
⁶δίκαιος καὶ ὅσιος Κύριος ἡμῶν κρίμασιν αὐτοῦ εἰς τὸν αἰῶνα, 6
καὶ Ἰσραὴλ αἰνέσει τῷ ὀνόματι Κυρίου ἐν εὐφροσύνῃ.
⁷καὶ ὅσιοι ἐξομολογήσονται ἐν ἐκκλησίᾳ λαοῦ, 7
καὶ πτωχοὺς ἐλεήσει ὁ θεὸς ἐν εὐφροσύνῃ Ἰσραήλ.
⁸ὅτι χρηστὸς καὶ ἐλεήμων ὁ θεὸς εἰς τὸν αἰῶνα, 8
καὶ συναγωγαὶ Ἰσραὴλ δοξάσουσιν τὸ ὄνομα Κυρίου.
⁹τοῦ κυρίου ἡ σωτηρία ἐπὶ οἶκον Ἰσραὴλ εἰς σωφροσύνην αἰώνιον. 9

IA'

Τῷ Σαλωμών· εἰς προσδοκίαν. XI

¹Σαλπίσατε ἐν Σιὼν ἐν σάλπιγγι σημασίας ἁγίων, 1
²κηρύξατε ἐν Ἱερουσαλὴμ φωνὴν εὐαγγελιζομένου· 2
ὅτι ἠλέησεν ὁ θεὸς Ἰσραὴλ ἐν τῇ ἐπισκοπῇ αὐτῶν.
³στῆθι, Ἱερουσαλήμ, ἐφ' ὑψηλοῦ, καὶ ἴδε τὰ τέκνα σου 3
ἀπὸ ἀνατολῶν καὶ δυσμῶν συνηγμένα εἰς ἅπαξ ἀπὸ Κυρίου.
⁴ἀπὸ βορρᾶ ἔρχονται τῇ εὐφροσύνῃ τοῦ θεοῦ αὐτῶν· 4
ἐκ νήσων μακρόθεν συνήγαγεν αὐτοὺς ὁ θεός.
⁵ὄρη ὑψηλὰ ἐταπείνωσεν εἰς ὁμαλισμὸν αὐτοῖς· 5
⁶οἱ βουνοὶ ἐφύγοσαν ἀπὸ εἰσόδου αὐτῶν, 6
οἱ δρυμοὶ ἐσκίασαν αὐτοῖς ἐν τῇ παρόδῳ αὐτῶν.
⁷πᾶν ξύλον εὐωδίας ἀνέτειλεν αὐτοῖς ὁ θεός, 7
ἵνα παρέλθῃ Ἰσραὴλ ἐν ἐπισκοπῇ δόξης θεοῦ αὐτῶν,
⁸ἔνδυσαι, Ἱερουσαλήμ, τὰ ἱμάτια τῆς δόξης σου, 8
ἑτοίμασον τὴν στολὴν τοῦ ἁγιάσματός σου·
ὅτι ὁ θεὸς ἐλάλησεν ἀγαθὰ Ἰσραὴλ
εἰς τὸν αἰῶνα καὶ ἔτι.
⁹ποιῆσαι Κύριος ἃ ἐλάλησεν ἐπὶ Ἰσραὴλ καὶ Ἱερουσαλήμ· 9
ἀναστῆσαι Κύριος τὸν Ἰσραὴλ ἐν ὀνόματι δόξης αὐτοῦ.
τοῦ κυρίου τὸ ἔλεος ἐπὶ τὸν Ἰσραὴλ
εἰς τὸν αἰῶνα καὶ ἔτι.

chilmpv   5 γαρ cilr] om hmpv   6 Κυριος] ο κυριος chilmpv | κριμασιν] pr εν
i | το ονομα hmpv | Κυριου]+εις τον αιωνα i   8 δοξασουσι chlmpv δοξα-
σωσι i   9 επ chilmpv | σωφροσυνην hmprv] ευφροσυνην cil   XI Σαλ-
ωμων l] Σαλομων hipv Σολομων r (deest tit in m)   2 ελεησεν i | Ισραηλ]
pr εν hmpv | αυτου i   3 om τα i | om εις i | απο 2°] υπο chilpv   5 ορη]
δροι i   6 εφυγον chilmpv | δρυμοι] βουνοι c | εσκιασαν] εσκιρτησαν mp
7 om θεου i   8 αγαθα εις τον αιωνα και ετι Ισραηλ c^{corr}1 (οιη pro Ῑηλ
c*)   9 Ιερουσαλημ] pr εν hlmpv | om το cl

IB´

XII

Τῷ Σαλωμών· ἐν γλώσσῃ παρανόμων.

1 ¹Κύριε, ῥῦσαι τὴν ψυχήν μου ἀπὸ ἀνδρὸς παρανόμου καὶ r
πονηροῦ,
ἀπὸ γλώσσης παρανόμου καὶ ψιθυροῦ καὶ λαλούσης ψευδῆ
καὶ δόλια·

2 ²ἐν ποικιλίᾳ στροφῆς οἱ λόγοι τῆς γλώσσης ἀνδρὸς πονηροῦ.
ὥσπερ ἐν λαῷ πῦρ ἀνάπτον καλλονὴν αὐτοῦ

3 ³ἡ παροικία αὐτοῦ, ἐμπλῆσαι οἴκους ἐν γλώσσῃ ψεύδει,
ἐκκόψαι δένδρα εὐφροσύνης φλογιζούσης παρανόμους,

4 ⁴συνχέαι οἴκους παρανόμους ἐν πολέμῳ χείλεσι ψιθυροῖς.
μακρύναι ὁ θεὸς ἀπὸ ἀκάκων χείλη παρανόμων ἐν ἀπορίᾳ,
καὶ σκορπισθείησαν ὀστᾶ ψιθύρων ἀπὸ φοβουμένων Κύριον·

5 ⁵ἐν πυρὶ φλογὸς γλῶσσα ψιθυρὸς ἀπόλοιτο ἀπὸ ὁσίων.

6 ⁶φυλάξαι Κύριος ψυχὴν ἡσύχιον μισοῦσαν ἀδίκους,
καὶ κατευθύναι Κύριος ἄνδρα ποιοῦντα εἰρήνην ἐν οἴκῳ.

7 ⁷τοῦ κυρίου ἡ σωτηρία ἐπὶ Ἰσραὴλ παῖδα αὐτοῦ εἰς τὸν αἰῶνα,

8 ⁸καὶ ἀπόλοιντο οἱ ἁμαρτωλοὶ ἀπὸ προσώπου Κυρίου ἅπαξ,
καὶ ὅσιοι Κυρίου κληρονομήσαισαν ἐπαγγελίας.

IΓ´

XIII

Τῷ Σαλωμὼν ψαλμός· παράκλησις τῶν δικαίων.

1 ¹Δεξιὰ Κυρίου ἐσκέπασέν με,
δεξιὰ Κυρίου ἐφείσατο ἡμῶν.

2 ²ὁ βραχίων Κυρίου ἔσωσεν ἡμᾶς ἀπὸ ῥομφαίας διαπορευομένης,
ἀπὸ λιμοῦ καὶ θανάτου ἁμαρτωλῶν.

3 ³θηρία ἐπεδράμοσαν αὐτοῖς πονηρά·
ἐν τοῖς ὀδοῦσιν αὐτῶν ἐτίλλοσαν σάρκας αὐτῶν,
καὶ ἐν ταῖς μύλαις ἔθλων ὀστᾶ αὐτῶν·
καὶ ἐκ τούτων ἁπάντων ἐρρύσατο ἡμᾶς Κύριος.

XII Σαλομων chipv (deest tit in m)   1 δολερα l πονηρα c*   2 ποι- chilmpv
κιλια στροφης ir] ποικ. τροφης cl ποιησει διαστροφης hmpv | λαω cilr] αλω
hmv αλλω p | καλλονην cilr] καλαμην hmpv   3 ψευδη i] παρανομου himpv
4 συγχεαι chilmpv | παρανομους οικους hlmpv | χειλεσι chilmpv | ψιθυρων i |
κακων mp | σκορπισθειη chilmpv   6 φυλαξαι] pr συγχεαι οικους
και r | om Κυριος...κατευθυναι r | ανδρος ποιουντος r   7 παιδων i
8 οσιοι] pr οι ci | κληρονομησαιεν ch(i)lmpv | επαγγελιας]+Κυριου chilmpv
XIII ιγ´] τρεις και δεκατος i | Σαλομων chipv | om ψαλμος cl (deest tit in m)
1 εσκεπασε chilmpv   2 βραχιων] ω sup ras r   3 επεδραμον hilmpv |
ετιλλον hilmpv | μυλαις]+αυτων hlmpv | οστα] pr τα i | ο κυριος ci

15

1   ⁴ἐταράχθη ὁ ἀσεβὴς διὰ παραπτώματα αὐτοῦ,   4
μή ποτε συμπαραληφθῇ μετὰ τῶν ἁμαρτωλῶν.
⁵ὅτι δεινὴ ἡ καταστροφὴ τοῦ ἁμαρτωλοῦ,   5
καὶ οὐχ ἅψεται δικαίου οὐδὲν ἐκ πάντων τούτων.
⁶ὅτι οὐχ ὁμοία ἡ παιδεία τῶν δικαίων ἐν ἀγνοίᾳ,   6
καὶ ἡ καταστροφὴ τοῦ ἁμαρτωλοῦ·
⁷ἐν περιστολῇ παιδεύεται δίκαιος,   7
ἵνα μὴ ἐπιχαρῇ ὁ ἁμαρτωλὸς τῷ δικαίῳ.
⁸ὅτι νουθετήσει δίκαιον ὡς υἱὸν ἀγαπήσεως,   8
καὶ ἡ παιδεία αὐτοῦ ὡς πρωτοτόκου.
⁹ὅτι φείσεται Κύριος τῶν ὁσίων αὐτοῦ,   9
καὶ τὰ παραπτώματα αὐτῶν ἐξαλείψει ἐν παιδείᾳ.
ἡ γὰρ ζωὴ τῶν δικαίων εἰς τὸν αἰῶνα·
¹⁰ἁμαρτωλοὶ δὲ ἀρθήσονται εἰς ἀπώλειαν,   10
καὶ οὐχ εὑρεθήσεται μνημόσυνον αὐτῶν ἔτι.
¹¹ἐπὶ δὲ τοὺς ὁσίους τὸ ἔλεος Κυρίου,   11
καὶ ἐπὶ τοὺς φοβουμένους τὸ ἔλεος αὐτοῦ.

ΙΔ

"Υμνος τῷ Σαλωμών.   XIV

¹Πιστὸς Κύριος τοῖς ἀγαπῶσιν αὐτὸν ἐν ἀληθείᾳ,   1
τοῖς ὑπομένουσιν παιδείαν αὐτοῦ,
τοῖς πορευομένοις ἐν δικαιοσύνῃ προσταγμάτων αὐτοῦ,
ἐν νόμῳ ᾧ ἐνετείλατο ἡμῖν εἰς ζωὴν ἡμῶν.
²ὅσιοι Κυρίου ζήσονται ἐν αὐτῷ εἰς τὸν αἰῶνα·   2
ὁ παράδεισος τοῦ κυρίου, τὰ ξύλα τῆς ζωῆς ὅσιοι αὐτοῦ.
³ἡ φυτεία αὐτῶν ἐρριζωμένη εἰς τὸν αἰῶνα·   3
οὐκ ἐκτιλήσονται πάσας τὰς ἡμέρας τοῦ οὐρανοῦ,
ὅτι ἡ μερὶς καὶ κληρονομία τοῦ θεοῦ ἐστιν Ἰσραήλ.
⁴καὶ οὐχ οὕτως οἱ ἁμαρτωλοὶ καὶ παράνομοι,   4
οἳ ἠγάπησαν ἡμέραν ἐν μετοχῇ ἁμαρτίας αὐτῶν·
ἐν μικρότητι σαπρίας ἡ ἐπιθυμία αὐτῶν,

chilmpv   4 παραπτωματα] pr τα chilmpv   5 om η chilmpv | δικαιον] pr του cl | εκ παντων τουτων ουδεν hilmpv   5—6 om ουδεν...αμαρτωλου cl 6 των αμαρτωλων himpv   11 φοβουμενους]+αυτον chilmpv   XIV ψαλμος ιδ´ i | Σαλωμων lr] Σαλωμων chipv (deest tit in m)   1 υπομενουσι chilmpv | πορευομενοις]+εν ακακια και i | ω cl] om r ως hmpv ον i   2 του κυριου] om του chilmpv   3 κληρονομια clr] pr η himpv | Ισραηλ cilr] pr o hmpv 4 η επιθυμια cilr] εν επιθ. hmpv

5 ⁵καὶ οὐκ ἐμνήσθησαν τοῦ θεοῦ.   r
ὅτι ὁδοὶ ἀνθρώπων γνωσταὶ ἐνώπιον αὐτοῦ διὰ παντός,
καὶ ταμεῖα καρδίας ἐπίσταται πρὸ τοῦ γενέσθαι.

6 ⁶διὰ τοῦτο ἡ κληρονομία αὐτῶν ᾅδης καὶ σκότος καὶ ἀπώλεια,
καὶ οὐχ εὑρεθήσονται ἐν ἡμέρᾳ ἐλέους δικαίων.
οἱ δὲ ὅσιοι Κυρίου κληρονομήσουσιν ζωὴν ἐν εὐφροσύνῃ.

ΙΕ'

XV   Ψαλμὸς τῷ Σαλωμὼν μετὰ ᾠδῆς.

1   ¹Ἐν τῷ θλίβεσθαί με ἐπεκαλεσάμην τὸ ὄνομα Κυρίου,
εἰς βοήθειαν ἤλπισα τοῦ θεοῦ Ἰακώβ, καὶ ἐσώθην·
2   ²ὅτι ἐλπὶς καὶ καταφυγὴ τῶν πτωχῶν σύ, ὁ θεός.
3   ³τίς γὰρ ἰσχύει, ὁ θεός, εἰ μὴ ἐξομολογήσασθαί σοι ἐν ἀληθείᾳ;
4   ⁴καὶ τί δυνατὸς ἄνθρωπος, εἰ μὴ ἐξομολογήσασθαι τῷ ὀνό-
ματί σου;
5   ⁵ψαλμὸν καινὸν μετὰ ᾠδῆς ἐν εὐφροσύνῃ καρδίας,
καρπὸν χειλέων ἐν ὀργάνῳ ἡρμοσμένῳ γλώσσης,
ἀπαρχὴν χειλέων ἀπὸ καρδίας ὁσίας καὶ δικαίας·
6   ⁶ὁ ποιῶν ταῦτα οὐ σαλευθήσεται εἰς τὸν αἰῶνα ἀπὸ κακοῦ,
φλὸξ πυρὸς καὶ ὀργὴ ἀδίκων οὐχ ἅψεται αὐτοῦ·
7   ⁷ὅταν ἐξέλθῃ ἐφ' ἁμαρτωλοὺς ἀπὸ προσώπου Κυρίου,
ὀλεθρεῦσαι πᾶσαν ὑπόστασιν ἁμαρτωλῶν.
8   ⁸ὅτι τὸ σημεῖον τοῦ θεοῦ ἐπὶ δικαίους εἰς σωτηρίαν·
λιμὸς καὶ ῥομφαία καὶ θάνατος ἀπὸ δικαίων μακράν.
9   ⁹φεύξονται γὰρ ὡς διωκόμενοι πολέμου ἀπὸ ὁσίων,
καταδιώξονται δὲ ἁμαρτωλοὺς καὶ καταλήψονται·
καὶ οὐκ ἐκφεύξονται οἱ ποιοῦντες ἀνομίαν τὸ κρίμα Κυρίου,
ὡς ὑπὸ πολεμίων ἐμπείρων καταλημφθήσονται.
10   ¹⁰τὸ γὰρ σημεῖον τῆς ἀπωλείας ἐπὶ τοῦ μετώπου αὐτῶν,
11   ¹¹καὶ ἡ κληρονομία τῶν ἁμαρτωλῶν ἀπώλεια καὶ σκότος,
καὶ ἀνομίαι αὐτῶν διώξονται αὐτοὺς ἕως ᾅδου κάτω.
12   ¹²ἡ κληρονομία αὐτῶν οὐχ εὑρεθήσεται τοῖς τέκνοις αὐτῶν,

5 του θεου] αυτου c om l | ταμεια (ταμεια ch(i)lmpv)] pr τα c(i)l   6 ελεου chilmpv
chilmpv | κληρονομησουσι chmpv   XV om τω cl | Σαλομων chipv | μετ
ωδης hipv om cl (deest tit in m)   1 βοηθειαν] pr την i | ηλπισα] εσωθην r
2 συ]+ει i   3 τι i | om σοι i   5 καινον ilr] και αινον hmpv | μετα]
chilmpv | απαρχη cl απαρχης i   6 om οργη c   7 επι chilmpv | ολο-
θρευσαι chilmpv   8 μακραν απο δικαιων chilmpv   9 διωκομενου chmprv |
πολεμου (coniec Gebhardt)] απο λιμου ir λιμου chlmpv | καταδιωξεται
chilmpv | καταληψεται chilmpv | Κυριου himprv] του θεου cl | καταληφθη-
σονται hilrᶜᵒʳʳ καταληφθησηται c   11 ανομιαι] pr αι chilmpv | κατωτατου i
12 ουχ ευρεθησετ sup ras r

17

r ¹³αἱ γὰρ ἁμαρτίαι ἐξερημώσουσιν οἴκους ἁμαρτωλῶν· 13
καὶ ἀπολοῦνται ἁμαρτωλοὶ ἐν ἡμέρᾳ κρίσεως Κυρίου εἰς τὸν
αἰῶνα,
¹⁴ὅταν ἐπισκέπτηται ὁ θεὸς τὴν γῆν ἐν κρίματι αὐτοῦ. 14
¹⁵οἱ δὲ φοβούμενοι τὸν κύριον ἐλεηθήσονται ἐν αὐτῇ, 15
καὶ ζήσονται ἐν τῇ ἐλεημοσύνῃ τοῦ θεοῦ αὐτῶν·
καὶ ἁμαρτωλοὶ ἀπολοῦνται εἰς τὸν αἰῶνα χρόνον.

IF′

"Υμνος τῷ Σαλωμών· εἰς ἀντίληψιν ὁσίοις. XVI

¹Ἐν τῷ νυστάξαι ψυχήν μου ἀπὸ Κυρίου, 1
παρὰ μικρὸν ὠλίσθησα ἐν καταφορᾷ ὕπνου.
²τῷ μακρὰν ἀπὸ θεοῦ παρ' ὀλίγον ἐξεχύθη ἡ ψυχή μου εἰς 2
θάνατον,
σύνεγγυς πυλῶν ᾅδου μετὰ ἁμαρτωλοῦ·
³ἐν τῷ διενεχθῆναι ψυχήν μου ἀπὸ Κυρίου θεοῦ Ἰσραήλ, 3
εἰ μὴ ὁ κύριος ἀντελάβετό μου τῷ ἐλέει αὐτοῦ εἰς τὸν αἰῶνα.
⁴ἔνυξέν με ὡς κέντρον ἵππου ἐπὶ τὴν γρηγόρησιν αὐτοῦ, 4
ὁ σωτὴρ καὶ ἀντιλήπτωρ μου ἐν παντὶ καιρῷ ἔσωσέν με.
⁵ἐξομολογήσομαί σοι, ὁ θεός, ὅτι ἀντελάβου μου εἰς σωτηρίαν, 5
καὶ οὐκ ἐλογίσω με μετὰ τῶν ἁμαρτωλῶν εἰς ἀπώλειαν.
⁶μὴ ἀποστήσῃς τὸ ἔλεός σου ἀπ' ἐμοῦ, ὁ θεός, 6
μηδὲ τὴν μνήμην περὶ σοῦ ἀπὸ καρδίας ἕως θανάτου.
⁷ἐπικράτησόν μου, ὁ θεός, ἀπὸ ἁμαρτίας πονηρᾶς 7
καὶ ἀπὸ πάσης γυναικὸς πονηρᾶς σκανδαλιζούσης ἄφρονα.
⁸καὶ μὴ ἀπατησάτω με κάλλος γυναικὸς παρανομούσης, 8
¶ c καὶ παντὸς ὑποκειμένου⁷ ἀπὸ ἁμαρτίας ἀνωφελοῦς.
⁹τὰ ἔργα τῶν χειρῶν μου κατεύθυνον ἐν τόπῳ σου, 9
καὶ τὰ διαβήματά μου ἐν τῇ μνήμῃ σου διαφύλαξον.
¹⁰τὴν γλῶσσάν μου καὶ τὰ χείλη μου ἐν λόγοις ἀληθείας περί- 10
στειλον,
ὀργὴν καὶ θυμὸν ἄλογον μακρὰν ποίησον ἀπ' ἐμοῦ.
¹¹γογγυσμὸν καὶ ὀλιγοψυχίαν ἐν θλίψει μάκρυνον ἀπ' ἐμοῦ, 11

chilmpv   13 αι] και i | αμαρτιαι] ανομαι chilmpv | εξερημωσωσιν r | αμαρτωλοι] pr
οι hlmpv   14 αυτου]+αποδουναι αμαρτωλοις εις τον αιωνα χρονον hmpv
15 om και αμαρτωλοι...χρονον hmpv | απολουνται αμαρτωλοι i απολ. οι αμ. cl
XVI υμνος cilr] ψαλμος hpv | Σαλωμων chipv | om οσιοις hpv (deest tit in m)
1 ωλισθησαν l υπνωσα i | om εν cl | καταφθορα chimv   2 τω μακραν] το μ.
γενεσθαι i   3 Κυριος] θεος i | μου 2°]+εις σωτηριαν i   4—5 om
ενυξεν...εις σωτηριαν i   4 ενυξε chimpv | εσωσε chimpv   5 αντελαβετο r
6 om περι chilmpv | καρδιας]+μου chilmpv   7—8 om απο αμαρτιας...
και 1° i   10 αλογον] ν sup ras i   11 om γογγυσμον...εμου l

ἐὰν ἁμαρτήσω ἐν τῷ σε παιδεύειν εἰς ἐπιστροφήν.   r

12   ¹²εὐδοκίᾳ δὲ μετὰ ἱλαρότητος στήρισον τὴν ψυχήν μου·
ἐν τῷ ἐνισχῦσαί σε τὴν ψυχήν μου ἀρκέσει μοι τὸ δοθέν.

13   ¹³ὅτι ἐὰν μὴ σὺ ἐνισχύσῃς, τίς ὑφέξεται παιδείαν ἐν πενίᾳ,

14   ¹⁴ἐν τῷ ἐλέγχεσθαι ψυχὴν ἐν χειρὶ σαπρίας αὐτοῦ;
ἡ δοκιμασία σου ἐν σαρκὶ αὐτοῦ καὶ ἐν θλίψει πενίας·

15   ¹⁵ἐν τῷ ὑπομεῖναι δίκαιον ἐν τούτοις ἐλεηθήσεται ὑπὸ Κυρίου.

IZ′

XVII   Ψαλμὸς τῷ Σαλωμὼν μετὰ ᾠδῆς· τῷ βασιλεῖ.

1   ¹Κύριε, σὺ βασιλεὺς ἡμῶν εἰς τὸν αἰῶνα καὶ ἔτι·
ὅτι ἐν σοί, ὁ θεὸς ἡμῶν, καυχήσεται ἡ ψυχὴ ἡμῶν.

2   ²καὶ τίς ὁ χρόνος ζωῆς ἀνθρώπου ἐπὶ τῆς γῆς;
κατὰ τὸν χρόνον αὐτοῦ καὶ ἡ ἐλπὶς αὐτοῦ ἐπ' αὐτόν.

3   ³ἡμεῖς δὲ ἐλπιοῦμεν ἐπὶ τὸν θεὸν σωτῆρα ἡμῶν,
ὅτι τὸ κράτος τοῦ θεοῦ ἡμῶν εἰς τὸν αἰῶνα μετ' ἐλέους,

4   ⁴καὶ ἡ βασιλεία τοῦ θεοῦ ἡμῶν εἰς τὸν αἰῶνα ἐπὶ τὰ ἔθνη.

5   ⁵σύ, Κύριε, ᾑρετίσω τὸν Δαυὶδ βασιλέα ἐπὶ Ἰσραήλ,
καὶ σὺ ὤμοσας αὐτῷ περὶ τοῦ σπέρματος εἰς τὸν αἰῶνα,
τοῦ μὴ ἐκλείπειν ἀπέναντί σου βασίλειον αὐτοῦ.

6   ⁶καὶ ἐν ταῖς ἁμαρτίαις ἡμῶν ἐπανέστησαν ἡμῖν ἁμαρτωλοί,
ἐπέθεντο ἡμῖν καὶ ἐξώσαντο ἡμᾶς·
οἷς οὐκ ἐπηγγείλω, μετὰ βίας ἀφείλαντο,

7   ⁷καὶ οὐκ ἐδόξασαν τὸ ὄνομά σου τὸ ἔντιμον·
ἐν δόξῃ ἔθεντο βασίλειον ἀντὶ ὕψους αὐτῶν,

8   ⁸ἠρήμωσαν τὸν θρόνον Δαυὶδ ἐν ὑπερηφανίᾳ ἀλλάγματος.
καὶ σύ, ὁ θεός, καταβαλεῖς αὐτούς, καὶ ἀρεῖς σπέρμα αὐτῶν
ἀπὸ τῆς γῆς,

9   ⁹ἐν τῷ ἐπαναστῆναι αὐτοῖς ἄνθρωπον ἀλλότριον γένους ἡμῶν.

10   ¹⁰κατὰ τὰ ἁμαρτήματα αὐτῶν ἀποδώσεις αὐτοῖς, ὁ θεός,
εὑρεθῆναι αὐτοῖς κατὰ τὰ ἔργα αὐτῶν.

---

12 στηριξον hlmpv | om εν τω ενισχυσαι σε την ψ. μου l   **13** εν πενια hilmpv
παιδειαν h*mpv*   **14** αυτου 1° ir] αυτης hlmpv   XVII Σαλωμων
hipv | μετ hilpv (deest tit in m)   **1** συ]+αυτος hilmpv | βασιλευς]+
εις τον αιωνα ο θεος i | ημων 1°]+και i | om ημων 2° hilmpv   **3** ελπιζομεν
i | τον θεον τον σ.] θεον τον σ. himpv | ελεου hilmpv   **4** εθνη]+εν κρισει
hilmpv   **5** επι] εν l | σπερματος]+αυτου hilmpv | εκλιπειν il | σου] το l
6 ημιν 1°] ημων i | υπεθεντο i | εξωσαν hilmpv | om ουκ l | μετα] pr και i |
αφειλοντο hilmpv   **8** ερημωσαν i | αλαλαγματος hmpv | σπερμα] pr το
hilmpv   **10** ευρεθειη hmpv

r   ¹¹οὐκ ἐλεήσει αὐτοὺς ὁ θεός,   11
      ἐξερεύνησεν τὸ σπέρμα αὐτῶν καὶ οὐκ ἀφῆκεν αὐτῶν ἕνα·
     ¹²πιστὸς ὁ κύριος ἐν πᾶσι τοῖς κρίμασιν αὐτοῦ οἷς ποιεῖ ἐπὶ 12
      τὴν γῆν.
     ¹³ἠρήμωσεν ὁ ἄνομος ἐπὶ τὴν γῆν ἡμῶν ἀπὸ ἐνοικούντων αὐτήν· 13
      ἠφάνισαν νέον καὶ πρεσβύτην καὶ τέκνα αὐτῶν ἅμα.
     ¹⁴ἐν ὀργῇ κάλλους αὐτοῦ ἐξαπέστειλεν αὐτὰ ἕως ἐπὶ δυσμῶν,   14
      καὶ τοὺς ἄρχοντας τῆς γῆς εἰς ἐμπαιγμόν· καὶ οὐκ ἐφείσατο.
     ¹⁵ἐν ἀλλοτριότητι ὁ ἐχθρὸς ἐποίησεν, ἐν ὑπερηφανίᾳ·   15
      καὶ ἡ καρδία αὐτοῦ ἀλλοτρία ἀπὸ τοῦ θεοῦ ἡμῶν.
     ¹⁶καὶ πάντα ὅσα ἐποίησεν ἐν Ἰερουσαλήμ,   16
      καθὼς καὶ τὰ ἔθνη ἐν ταῖς πόλεσι τοὺς θεοὺς αὐτῶν.
     ¹⁷καὶ ἐπεκρατοῦσαν αὐτῶν υἱοὶ τῆς διαθήκης ἐν μέσῳ ἐθνῶν 17
      συμμίκτων,
      οὐκ ἦν ὁ ποιῶν ἐν μέσῳ ἐν αὐτοῖς, ἐν Ἰερουσαλήμ, ἔλεος
      καὶ ἀλήθειαν.
     ¹⁸ἐφύγοσαν ἀπ' αὐτῶν οἱ ἀγαπῶντες συναγωγὰς ὁσίων·   18
      ὡς στρουθία ἐξεπετάσθησαν ἀπὸ κοίτης αὐτῶν.
     ¹⁹ἐπλανῶντο ἐν ἐρήμοις, σωθῆναι ψυχὰς αὐτῶν ἀπὸ κακοῦ,   19
      καὶ τίμιον ἐν ὀφθαλμοῖς παροικίας ψυχὴ σεσωσμένη ἐξ
      αὐτῶν.
    ²⁰ἐφύγοσαν ἀπ' αὐτῶν οἱ ἀγαπῶντες συναγωγὰς ὁσίων·   20
      εἰς πᾶσαν τὴν γῆν ἐγενήθη σκορπισμὸς αὐτῶν ὑπὸ ἀνόμων.
      ὅτι ἀνέσχεν ὁ οὐρανὸς τοῦ στάξαι ὑετὸν ἐπὶ τὴν γῆν·
     ²¹πηγαὶ συνεσχέθησαν αἰώνιοι ἐξ ἀβύσσων, ἀπὸ ὀρέων ὑψη- 21
      λῶν.
      ὅτι οὐκ ἦν ἐν αὐτοῖς ποιῶν δικαιοσύνην καὶ κρίμα·
      ἀπὸ ἄρχοντος αὐτῶν καὶ λαοῦ ἐλαχίστου ἐν πάσῃ ἁμαρτίᾳ.
     ²²ὁ βασιλεὺς ἐν παρανομίᾳ καὶ ὁ κριτὴς ἐν ἀπειθείᾳ,   22
      καὶ ὁ λαὸς ἐν ἁμαρτίᾳ.
     ²³ἴδε, Κύριε, καὶ ἀνάστησον αὐτοῖς τὸν βασιλέα αὐτῶν, υἱὸν Δαυίδ, 23
      εἰς τὸν καιρὸν ὃν ἴδες σύ, ὁ θεός,
      τοῦ βασιλεῦσαι ἐπὶ Ἰσραὴλ παῖδά σου.

hilmpv   11 ουκ 1°] pr κατα τα εργα αυτων hilmpv (om ουκ hmpv) | εξηρευνησε himpv | αυτων ενα ilr] αυτους hmpv   12 κυριος] θεος i | εποιησεν i 13 ερημωσεν i | ανομος ilr] ανεμος hmpv | om επι hilmpv | τεκνα] pr τα i 14 αυτων i   15 εποιησε i | εν υπερηφανια ir] υπερηφανιαν hlmpv | του θεου] om του i   16 τοις θεοις hilmpv   17 επεκρατουν hlmpv απεκρατουν i | υιοι] pr οι hilmpv | εν´μεσω εν αυτοις εν] εν αυτοις εν μεσω hilmpv   18 εφυγον hilmpv | απο τουτων l | om οσιων l | εξεπετασαν l   20 om εφυγοσαν... οσιων hilmpv | σκορπισμος] pr o hilmpv | ενεσχεν i | της γης i   21 αυτου i 22–23 ο βασιλευς...υιον Δαυιδ post εις τον καιρον...παιδα σου pos i 23 υιον] ὑῶ r | ειδες il οιδες hv οιδας mp | om επι l

24   ²⁴καὶ ὑπόζωσον αὐτὸν ἰσχὺν τοῦ θραῦσαι ἄρχοντας ἀδίκους.   r
25   ²⁵καθάρισον Ἰερουσαλὴμ ἀπὸ ἐθνῶν καταπατούντων ἐν ἀπωλείᾳ,
26   ἐν σοφίᾳ, ἐν δικαιοσύνῃ ²⁶ἐξῶσαι ἁμαρτωλοὺς ἀπὸ κλη-
       ρονομίας,
       ἐκτρίψαι ὑπερηφανίαν ἁμαρτωλοῦ ὡς σκεύη κεραμέως,
       ἐν ῥάβδῳ σιδηρᾷ συντρίψαι πᾶσαν ὑπόστασιν αὐτῶν·
27   ²⁷ὀλοθρεῦσαι ἔθνη παράνομα ἐν λόγῳ στόματος αὐτοῦ,
       ἐν ἀπειλῇ αὐτοῦ φυγεῖν ἔθνη ἀπὸ προσώπου αὐτοῦ,
       καὶ ἐλέγξαι ἁμαρτωλοὺς ἐν λόγῳ καρδίας αὐτῶν.
28   ²⁸καὶ συνάξει λαὸν ἅγιον οὗ ἀφηγήσεται ἐν δικαιοσύνῃ,
       καὶ κρινεῖ φυλὰς λαοῦ ἡγιασμένου ὑπὸ Κυρίου θεοῦ αὐτοῦ.
29   ²⁹καὶ οὐκ ἀφήσει ἀδικίαν ἐν μέσῳ αὐτῶν αὐλισθῆναι ἔτι,
       καὶ οὐ κατοικήσει πᾶς ἄνθρωπος μετ᾽ αὐτῶν εἰδὼς κακίαν.
30   ³⁰γνώσεται γὰρ αὐτοὺς ὅτι πάντες υἱοὶ θεοῦ εἰσιν αὐτῶν,
       καὶ καταμερίσει αὐτοὺς ἐν ταῖς φυλαῖς αὐτῶν ἐπὶ τῆς γῆς.
31   ³¹καὶ πάροικος καὶ ἀλλογενὴς οὐ παροικήσει αὐτοῖς ἔτι·
       κρινεῖ λαοὺς καὶ ἔθνη ἐν σοφίᾳ δικαιοσύνης αὐτοῦ.
                          διάψαλμα.
32   ³²καὶ ἕξει λαοὺς ἐθνῶν δουλεύειν αὐτῷ ὑπὸ τὸν ζυγὸν αὐτοῦ,
       καὶ τὸν κύριον δοξάσει ἐν ἐπισήμῳ πάσης τῆς γῆς.
33   ³³καὶ καθαριεῖ Ἰερουσαλὴμ ἐν ἁγιασμῷ, ὡς καὶ τὸ ἀπ᾽ ἀρχῆς,
34   ³⁴ἔρχεσθαι ἔθνη ἀπ᾽ ἄκρου τῆς γῆς ἰδεῖν τὴν δόξαν αὐτοῦ,
       φέροντες δῶρα τοὺς ἐξησθενηκότας υἱοὺς αὐτῆς,
35   ³⁵καὶ ἰδεῖν τὴν δόξαν Κυρίου ἣν ἐδόξασεν αὐτὴν ὁ θεός·
       καὶ αὐτὸς βασιλεὺς δίκαιος διδακτὸς ὑπὸ θεοῦ ἐπ᾽ αὐτούς,
36   ³⁶καὶ οὐκ ἔστιν ἀδικία ἐν ταῖς ἡμέραις αὐτοῦ ἐν μέσῳ
       αὐτῶν·
       ὅτι πάντες ἅγιοι, καὶ βασιλεὺς αὐτῶν χριστὸς κύριος.
37   ³⁷οὐ γὰρ ἐλπιεῖ ἐπὶ ἵππον καὶ ἀναβάτην καὶ τόξον,
       οὐδὲ πληθυνεῖ αὐτῷ χρυσίον οὐδὲ ἀργύριον εἰς πόλεμον·
       καὶ πολλοῖς οὐ συνάξει ἐλπίδας εἰς ἡμέραν πολέμου.
38   ³⁸Κύριος αὐτὸς βασιλεὺς αὐτοῦ· ἐλπὶς τοῦ δυνατοῦ ἐλπίδι θεοῦ,
       καὶ ἐλεήσει πάντα τὰ ἔθνη ἐνώπιον αὐτοῦ ἐν φόβῳ.

---

26 εξωσον il | αμαρτωλου lr] αμαρτωλων i αμαρτωλους hmpv | ως] εν i | hilmpv
συντριψον i   **27** om εν απειλη...προσωπου αυτου mp   **28** συναξαι i
29 ετι ilr] om hmpv   **30** αυτων εισι(ν) (h)il(mpv) | της γης] om της i
31 αυτοις] pr εν i | om διαψαλμα m   **32** τον ζυγον] om τον hilmpv
33 καθαρισει himpv   **34** ερχεσθε il   **35** δικαιος]+και p   **36** om οτι
παντες...χριστος κυριος i   **37** εφ ιππον i | ουδε 2°] και hil   **38** του]αυτου r

ϛ   ³⁹καταξει γὰρ γῆν τῷ λόγῳ τοῦ στόματος αὐτοῦ εἰς αἰῶνα·   39
  ⁴⁰εὐλογήσει λαὸν Κυρίου ἐν σοφίᾳ μετ᾽ εὐφροσύνης.   40
  ⁴¹καὶ αὐτὸς καθαρὸς ἀπὸ ἁμαρτίας, τοῦ ἄρχειν λαοὺς μεγάλους,   41
  ἐλέγξαι ἄρχοντας καὶ ἐξᾶραι ἁμαρτωλοὺς ἐν ἰσχύι λόγου·
  ⁴²καὶ οὐκ ἀσθενήσει ἐν ταῖς ἡμέραις αὐτοῦ ἐπὶ θεῷ αὐτοῦ,   42
  ὅτι ὁ θεὸς κατηργάσατο αὐτὸν δυνατὸν ἐν πνεύματι ἁγίῳ
  καὶ σοφὸν ἐν βουλῇ συνέσεως μετὰ ἰσχύος καὶ δικαιοσύνης.
  ⁴³καὶ εὐλογία Κυρίου μετ᾽ αὐτοῦ ἐν ἰσχύι,   43
  ⁴⁴καὶ οὐκ ἀσθενήσει ἡ ἐλπὶς αὐτοῦ ἐπὶ Κύριον·   44
  καὶ τίς δύναται πρὸς αὐτόν;
  ἰσχυρὸς ἐν ἔργοις αὐτοῦ καὶ κραταιὸς ἐν φόβῳ θεοῦ,
  ⁴⁵ποιμαίνων τὸ ποιμνίον Κυρίου ἐν πίστει καὶ δικαιοσύνῃ,   45
  καὶ οὐκ ἀφήσει ἀσθενῆσαι ἐν αὐτοῖς ἐν τῇ νομῇ αὐτῶν.
  ⁴⁶ἐν ἰσότητι πάντας αὐτοὺς ἄξει,   46
  καὶ οὐκ ἔσται ἐν αὐτοῖς ὑπερηφανία τοῦ καταδυναστευθῆναι
  ἐν αὐτοῖς.
  ⁴⁷αὕτη ἡ εὐπρέπεια τοῦ βασιλέως Ἰσραήλ, ἣν ἔγνω ὁ θεός,   47
  ἀναστῆσαι αὐτὸν ἐπ᾽ οἶκον Ἰσραήλ, παιδεῦσαι αὐτόν.
  ⁴⁸τὰ ῥήματα αὐτοῦ πεπυρωμένα ὑπὲρ χρυσίον τὸ πρῶτον τίμιον,   48
  ἐν συναγωγαῖς διακρινεῖ λαοῦ φυλὰς ἡγιασμένου·
  ⁴⁹οἱ λόγοι αὐτοῦ ὡς λόγοι ἁγίων ἐν μέσῳ λαῶν ἡγιασμένων.   49
  ⁵⁰μακάριοι οἱ γενόμενοι ἐν ταῖς ἡμέραις ἐκείναις,   50
  ἰδεῖν τὰ ἀγαθὰ Ἰσραὴλ ἐν συναγωγῇ φυλῶν· ποιήσαι ὁ θεός.
  ⁵¹ταχύναι ὁ θεὸς ἐπὶ Ἰσραὴλ τὸ ἔλεος αὐτοῦ·   51
  ῥύσεται ἡμᾶς ἀπὸ ἀκαθαρσίας ἐχθρῶν βεβήλων.
  Κύριος αὐτὸς βασιλεὺς ἡμῶν εἰς τὸν αἰῶνα καὶ ἔτι.

ΙΗ΄

Ψαλμὸς τῷ Σαλωμών ἔτι τοῦ χριστοῦ κυρίου.   XVIII

  ¹Κύριε, τὸ ἔλεός σου ἐπὶ τὰ ἔργα τῶν χειρῶν σου εἰς τὸν αἰῶνα·   1
  ²ἡ χρηστότης σου ἐπὶ δόματος πλουσίου ἐπὶ Ἰσραήλ·   2

hilmpv   39 καταξει ir] παταξει hlmpv | αιωνα] pr τον i   41 λαου μεγαλου hilmpv
  42 κατειργασατο hilmpv | δυνατον] δυναμιν l om i | μετ hmpv | δικαιοσυνην r
  45 αφησαι i | αυτων] αυτω l   46 ισοτητι ilᵐᵍr] οσιοτητι hlᵗˣᵗmpv | αυξει p
  47 Ισραηλ 1°] Ιερουσαλημ i   48 τιμιον το πρ. hilmpv | λαους hilmpv |
ηγιασμενου ir] ηγιασμενων hmpv ηγιασμενους l   49 αυτων r | om ως i
  50 γινομενοι hilmpv | Ισραηλ] Ιερουσαλημ i | ποιησαι (ποιήσαι) ilr] ἃ ποιήσει h
  51 ρυσαι l   XVIII Σαλωμων hipv | ετι ir] επι hlpv (deest tit in m)
  2 om η i | επι 1°] μετα hilmpv | επιβλεπουσιν l

οἱ ὀφθαλμοί σου ἐπιβλέποντες ἐπ' αὐτά, καὶ οὐχ ὑστερήσει r
 ἐξ αὐτῶν,

3 ³τὰ ὦτά σου ἐπακούει εἰς δέησιν πτωχοῦ ἐν ἐλπίδι·
 τὰ κρίματά σου ἐπὶ πᾶσαν τὴν γῆν μετὰ ἐλέους,

4 ⁴καὶ ἀγάπη σου ἐπὶ σπέρμα Ἀβραάμ, υἱοὺς Ἰσραήλ.
 ἡ παιδία σου ἐφ' ἡμᾶς ὡς υἱὸν πρωτότοκον μονογενῆ,

5 ⁵ἀποστρέψαι ψυχὴν εὐήκοον ἀπὸ ἀμαθίας ἐν ἀγνοίᾳ.

6 ⁶καθαρίσαι ὁ θεὸς Ἰσραὴλ εἰς ἡμέραν ἐλέους ἐν εὐλογίᾳ,
 εἰς ἡμέραν ἐκλογῆς ἐν ἀνάξει χριστοῦ αὐτοῦ.

7 ⁷μακάριοι οἱ γενόμενοι ἐν ἡμέραις ἐκείναις,
 ἰδεῖν τὰ ἀγαθὰ Κυρίου, ἃ ποιήσει γενεᾷ τῇ ἐρχομένῃ·

8 ⁸ὑπὸ ῥάβδον παιδείας χριστοῦ κυρίου, ἐν φόβῳ θεοῦ αὐτοῦ,
 ἐν σοφίᾳ πνεύματος καὶ δικαιοσύνης καὶ ἰσχύος·

9 ⁹κατευθῦναι ἄνδρας ἐν ἔργοις δικαιοσύνης φόβῳ θεοῦ,
 καταστῆσαι πάντας αὐτοὺς ἐνώπιον Κυρίου.

10 ¹⁰γενεὰ ἀγαθὴ ἐν φόβῳ θεοῦ ἐν ἡμέραις ἐλέους. διάψαλμα.

11 ¹¹μέγας ἡμῶν ὁ θεὸς καὶ ἔνδοξος, ἐν ὑψίστοις κατοικῶν·

12 ¹²ὁ διατάξας ἐν πορίᾳ φωστῆρας εἰς καιροὺς ὡρῶν ἀφ' ἡμε-
 ρῶν εἰς ἡμέρας,
 καὶ οὐ παρέβησαν ἀπὸ ὁδοῦ ἧς ἐνετείλω αὐτοῖς.

13 ¹³ἐν φόβῳ θεοῦ ἡ ὁδὸς αὐτῶν καθ' ἑκάστην ἡμέραν,
 ἀφ' ἧς ἡμέρας ἔκτισεν αὐτοὺς ὁ θεὸς καὶ ἕως αἰῶνος.

14 ¹⁴καὶ οὐκ ἐπλανήθησαν ἀφ' ἧς ἡμέρας ἔκτισεν αὐτούς·
 ἀπὸ γενεῶν ἀρχαίων οὐκ ἀπέστησαν ὁδῶν αὐτῶν,
 εἰ μὴ ὁ θεὸς ἐνετείλατο αὐτοῖς ἐν ἐπιταγῇ δούλων αὐτοῦ.

3 επακουσει hilmpv | μετα ilr] μετ hmpv | ελεου hilmpv   4 αγαπη] hilmpv
pr η hilmpv | επι σπ. Αβρααμ (exc litt ε et αμ) sup ras r | υιου codd | παιδεια
hilmpv | πρωτοτοκου μονογενους l   5 ευηκοον ilr] υπηκοον hmpv | αμα-
θειας i   6 καθαριση r | ελεου hlmpv   7 γινομενοι hlmpv | ημεραις]
pr ταις hlmpv   9 ανδρας hlmpv | ενωπιον lr] εν φοβω hmpv   10 ελεου
hlmpv | om διαψαλμα m   11 ο θεος ημων hlmpv   12 πορεια hlmpv
14 οδων] απο οδου hlmpv

Subscr Σολομωντος ψαλμοι στιχοι ψν′ r ψαλμοι Σολομωνος ιη′ l ψαλμοι
Σολομωντος ιη′· εχουσιν επη ͵α hv ψαλμοι Σολομωντος δεκαοκτω· εχουσιν
επη τριακοντα p (deest subscriptio in m)

ἐπροφήτεγςεν Δὲ καὶ τούτοις ἕβδομος ἀπὸ Ἀδὰμ Ἑνώχ.

ΕΝΩΧ

I 1 ΛΟΓΟΣ εὐλογίας Ἐνώχ, καθὼς εὐλόγησεν ἐκλεκτοὺς δικαίους P οἵτινες ἔσονται εἰς ἡμέραν ἀνάγκης ἐξᾶραι πάντας τοὺς ἐχθρούς, καὶ σωθήσονται δίκαιοι.

2 ²Καὶ ἀναλαβὼν τὴν παραβολὴν αὐτοῦ εἶπεν Ἐνώχ ᾿Ἀνθρω- πος δίκαιός ἐστιν, ὅρασις ἐκ θεοῦ αὐτῷ ἀνεῳγμένη ἦν· ἔχων τὴν ὅρασιν τοῦ ἁγίου καὶ τοῦ οὐρανοῦ. ἔδειξέν μοι, καὶ ἁγιολόγων ἁγίων ἤκουσα ἐγώ, καὶ ὡς ἤκουσα παρ᾿ αὐτῶν πάντα καὶ ἔγνων ἐγὼ θεωρῶν· καὶ οὐκ ἐς τὴν νῦν γενεὰν διενοούμην, ἀλλὰ ἐπὶ πόρρω 3 οὖσαν ἐγὼ λαλῶ. ³Καὶ περὶ τῶν ἐκλεκτῶν νῦν λέγω καὶ περὶ αὐτῶν ἀνέλαβον τὴν παραβολήν μου. καὶ ἐξελεύσεται ὁ ἅγιός 4 μου ὁ μέγας ἐκ τῆς κατοικήσεως αὐτοῦ, ⁴καὶ ὁ θεὸς τοῦ αἰῶνος ἐπὶ γῆν πατήσει ἐπὶ τὸ Σεινὰ ὄρος καὶ φανήσεται ἐκ τῆς παρεμβολῆς αὐτοῦ, καὶ φανήσεται ἐν τῇ δυνάμει τῆς ἰσχύος αὐτοῦ ἀπὸ τοῦ οὐ- 5 ρανοῦ τῶν οὐρανῶν. ⁵καὶ φοβηθήσονται πάντες καὶ πιστεύσουσιν οἱ ἐγρήγοροι, καὶ ᾄσουσιν ἀπόκρυφα ἐν πᾶσιν τοῖς ἄκροις τῆς [γῆς]· καὶ σεισθήσονται πάντα τὰ ἄκρα τῆς γῆς, καὶ λήμψεται αὐτοὺς 6 τρόμος καὶ φόβος μέγας μέχρι τῶν περάτων τῆς γῆς. ⁶καὶ σει- σθήσονται καὶ πεσοῦνται καὶ διαλυθήσονται ὄρη ὑψηλά, καὶ ταπει- νωθήσονται βουνοὶ ὑψηλοὶ τοῦ διαρυῆναι ὄρη, καὶ τακήσονται ὡς 7 κηρὸς ἀπὸ προσώπου πυρὸς ἐν φλογί. ⁷καὶ διασχισθήσεται ἡ γῆ σχίσμα ῥαγῶδες, καὶ πάντα ὅσα ἐστὶν ἐπὶ τῆς γῆς ἀπολεῖται, 8 καὶ κρίσις ἔσται κατὰ πάντων. ⁸καὶ μετὰ τῶν δικαίων τὴν εἰρήνην ποιήσει, καὶ ἐπὶ τοὺς ἐκλεκτοὺς ἔσται συντήρησις καὶ εἰρήνη, καὶ

I 2 λαλω] αλλω P   5 ασωσιν P | om γης 1° P   6 πεινωθησονται P* (ταπ. P¹)   7 σχισμα ραγαδει P   8 μετα] μεγα Pᵛⁱᵈ

P ἐπ' αὐτοὺς γενήσεται ἔλεος, καὶ ἔσονται πάντες τοῦ θεοῦ, καὶ τὴν
εὐδοκίαν δώσει αὐτοῖς καὶ πάντας εὐλογήσει καὶ πάντων ἀντι-
λήμψεται· καὶ βοηθήσει ἡμῖν, καὶ φανήσεται αὐτοῖς φῶς καὶ ποιή-
σει ἐπ' αὐτοὺς εἰρήνην. ⁹ὅτι ἔρχεται σὺν ταῖς μυριάσιν αὐτοῦ καὶ 9
τοῖς ἁγίοις αὐτοῦ, ποιῆσαι κρίσιν κατὰ πάντων, καὶ ἀπολέσει πάντας
τοὺς ἀσεβεῖς, καὶ ἐλέγξει πᾶσαν σάρκα περὶ πάντων ἔργων τῆς
ἀσεβείας αὐτῶν ὧν ἠσέβησαν καὶ σκληρῶν ὧν ἐλάλησαν λόγων,
καὶ περὶ πάντων ὧν κατελάλησαν κατ' αὐτοῦ ἁμαρτωλοὶ ἀσεβεῖς.

¹Κατανοήσατε πάντα τὰ ἔργα ἐν τῷ οὐρανῷ, πῶς οὐκ ἠλλοίωσαν ι II
τὰς ὁδοὺς αὐτῶν, καὶ τοὺς φωστῆρας τοὺς ἐν τῷ οὐρανῷ, ὡς τὰ
πάντα ἀνατέλλει καὶ δύνει, τεταγμένος ἕκαστος ἐν τῷ τεταγμένῳ
καιρῷ, καὶ ταῖς ἑορταῖς αὐτῶν φαίνονται, καὶ οὐ παραβαίνουσιν τὴν
ἰδίαν τάξιν. ²ἴδετε τὴν γῆν καὶ διανοήθητε περὶ τῶν ἔργων τῶν 2
ἐν αὐτῇ γινομένων ἀπ' ἀρχῆς μέχρι τελειώσεως, ὧς εἰσιν φθαρτά,
ὡς οὐκ ἀλλοιοῦνται, οὐδὲν τῶν ἐπὶ γῆς, ἀλλὰ πάντα ἔργα θεοῦ
ὑμῖν φαίνεται. ³ἴδετε τὴν θερείαν καὶ τὸν χειμῶνα. ¹καταμάθετε ι III
καὶ ἴδετε πάντα τὰ δένδρα, ¹πῶς τὰ φύλλα χλωρὰ ἐν αὐτοῖς σκέ- ι V
ποντα τὰ δένδρα, καὶ πᾶς ὁ καρπὸς αὐτῶν εἰς τιμὴν καὶ δόξαν.
διανοήθητε καὶ γνῶτε περὶ πάντων τῶν ἔργων αὐτοῦ, καὶ νοήσατε
ὅτι θεὸς ζῶν ἐποίησεν αὐτὰ οὕτως, καὶ ζῇ εἰς πάντας τοὺς αἰῶ-
νας· ²καὶ τὰ ἔργα αὐτοῦ πάντα ὅσα ἐποίησεν εἰς τοὺς αἰῶνας, 2
ἀπὸ ἐνιαυτοῦ εἰς ἐνιαυτὸν γινόμενα πάντα οὕτως, καὶ πάντα ὅσα
ἀποτελοῦσιν αὐτῷ τὰ ἔργα, καὶ οὐκ ἀλλοιοῦνται αὐτῶν τὰ ἔργα,
ἀλλ' ὡσπερεὶ κατὰ ἐπιταγὴν τὰ πάντα γίνεται. ³ἴδετε πῶς ἡ θά- 3
λασσα καὶ οἱ ποταμοὶ ὡς ὁμοίως ἀποτελοῦσιν, καὶ οὐκ ἀλλοιοῦσιν
αὐτῶν τὰ ἔργα ἀπὸ τῶν λόγων αὐτοῦ. ⁴Ὑμεῖς δὲ οὐκ ἐνε- 4
μείνατε οὐδὲ ἐποιήσατε κατὰ τὰς ἐντολὰς αὐτοῦ, ἀλλὰ ἀπέστητε καὶ
κατελαλήσατε μεγάλους καὶ σκληροὺς λόγους ἐν στόματι ἀκαθαρ-
σίας ὑμῶν κατὰ τῆς μεγαλοσύνης αὐτοῦ. ὅτι κατελαλήσατε ἐν τοῖς

B Iud.14,15   ⁹ἰδοὺ ἦλθεν Κύριος ἐν ἁγίαις μυριάσιν αὐτοῦ, ποιῆσαι κρίσιν κατὰ 9 I
πάντων καὶ ἐλέγξαι πάντας τοὺς ἀσεβεῖς περὶ πάντων τῶν ἔργων ἀσεβείας
αὐτῶν ὧν ἠσέβησαν καὶ περὶ πάντων τῶν σκληρῶν ὧν ἐλάλησαν κατ' αὐτοῦ
ἁμαρτωλοὶ ἀσεβεῖς.

8 γενηται P   9 τοις μυριασιν P   II 1 κατανοησεται P   2 om
ως ι° P
9 Κυριος] pr ο ℵ | αγιαις μυριασιν] μυρ. αγιων αγγελων ℵ μυρ. αγιαις C |
παντας τους ασεβεις] πασαν ψυχην ℵ | om ασεβειας ℵC | om αυτων ℵ | σκλη-
ρων]+λογων ℵC

26

5 ψεύμασιν ὑμῶν, σκληροκάρδιοι, οὐκ ἔστιν εἰρήνη ὑμῖν. ⁵τοιγὰρ P
τὰς ἡμέρας ὑμῶν ὑμεῖς κατηράσασθε, καὶ τὰ ἔτη τῆς ζωῆς ὑμῶν ἀπο-
λεῖται, καὶ τὰ ἔτη τῆς ἀπωλείας ὑμῶν πληθυνθήσεται ἐν κατάρᾳ
6 αἰώνων, καὶ οὐκ ἔσται ὑμῖν ἔλεος καὶ εἰρήνη. ⁶Τότε ἔσται
τὰ ὀνόματα ὑμῶν εἰς κατάραν αἰώνιον πᾶσιν τοῖς δικαίοις, καὶ ἐν ὑμῖν
καταράσονται πάντες οἱ καταρώμενοι, καὶ πάντες οἱ ἁμαρτωλοὶ καὶ
ἀσεβεῖς ἐν ὑμῖν ὀμοῦνται, καὶ πάντες οἱ ἀναμάρτητοι χαρήσονται,
καὶ ἔσται αὐτοῖς λύσις ἁμαρτιῶν καὶ πᾶν ἔλεος καὶ εἰρήνη καὶ
ἐπιείκεια, ἔσται αὐτοῖς σωτηρία, φῶς ἀγαθόν, καὶ αὐτοὶ κληρονο-
μήσουσιν τὴν γῆν· καὶ πᾶσιν ὑμῖν τοῖς ἁμαρτωλοῖς οὐχ ὑπάρξει
7 σωτηρία, ἀλλὰ ἐπὶ πάντας ὑμᾶς κατάλυσις, κατάρα. ⁷καὶ τοῖς ἐκ-
λεκτοῖς ἔσται φῶς καὶ χάρις καὶ εἰρήνη, καὶ αὐτοὶ κληρονομήσουσιν
8 τὴν γῆν, ὑμῖν δὲ τοῖς ἀσεβέσιν ἔσται κατάρα. ⁸τότε δοθήσεται
τοῖς ἐκλεκτοῖς φῶς καὶ χάρις, καὶ αὐτοὶ κληρονομήσουσιν τὴν γῆν.
τότε δοθήσεται πᾶσιν τοῖς ἐκλεκτοῖς σοφία, καὶ πάντες οὗτοι ζή-
σονται, καὶ οὐ μὴ ἁμαρτήσονται ἔτι οὐ κατ᾽ ἀλήθειαν οὔτε κατὰ
ὑπερηφανίαν, καὶ ἔσται ἐν ἀνθρώπῳ πεφωτισμένῳ φῶς καὶ ἀν-
9 θρώπῳ ἐπιστήμονι νόημα, καὶ οὐ μὴ πλημμελήσουσιν ⁹οὐδὲ μὴ
ἁμάρτωσιν πάσας τὰς ἡμέρας τῆς ζωῆς αὐτῶν, καὶ οὐ μὴ ἀποθάνω-
σιν ἐν ὀργῇ θυμοῦ, ἀλλὰ τὸν ἀριθμὸν αὐτῶν ζωῆς ἡμερῶν πληρώ-
σουσιν, καὶ ἡ ζωὴ αὐτῶν αὐξηθήσεται ἐν εἰρήνῃ, καὶ τὰ ἔτη τῆς
χαρᾶς αὐτῶν πληθυνθήσεται ἐν ἀγαλλιάσει καὶ εἰρήνη αἰῶνος ἐν
πάσαις ταῖς ἡμέραις τῆς ζωῆς αὐτῶν.

VI 1 ¹Καὶ ἐγένετο οὗ ἂν ἐπληθύνθησαν οἱ υἱοὶ τῶν ἀνθρώπων, ἐν ἐκεί-
2 ναις ταῖς ἡμέραις ἐγεννήθησαν θυγατέρες ὡραῖαι καὶ καλαί. ²καὶ
ἐθεάσαντο αὐτὰς οἱ ἄγγελοι υἱοὶ οὐρανοῦ καὶ ἐπεθύμησαν αὐτάς,
καὶ εἶπαν πρὸς ἀλλήλους Δεῦτε ἐκλεξώμεθα ἑαυτοῖς γυναῖκας ἀπὸ
3 τῶν ἀνθρώπων, καὶ γεννήσομεν ἑαυτοῖς τέκνα. ³καὶ εἶπεν Σεμειαζᾶς
πρὸς αὐτούς, ὃς ἦν ἄρχων αὐτῶν Φοβοῦμαι μὴ οὐ θελήσετε ποιῆσαι

VI 1 ¹Καὶ ἐγένετο ὅτε ἐπληθύνθησαν οἱ υἱοὶ τῶν ἀνθρώπων, ἐγεννήθησαν Sync.
2 αὐτοῖς θυγατέρες ὡραῖαι. ²καὶ ἐπεθύμησαν αὐτὰς οἱ ἐγρήγοροι καὶ ἀπε-
πλανήθησαν ὀπίσω αὐτῶν, καὶ εἶπον πρὸς ἀλλήλους Ἐκλεξώμεθα ἑαυτοῖς
3 γυναῖκας ἀπὸ τῶν θυγατέρων τῶν ἀνθρώπων τῆς γῆς. ³καὶ εἶπε Σεμιαζᾶς
ὁ ἄρχων αὐτῶν πρὸς αὐτούς Φοβοῦμαι μὴ οὐ θελήσητε ποιῆσαι τὸ πρᾶγμα

V 5 και τα ετη (coniec Dillmann, Lods)] κατα P   6 αναμαρτητοι coniec
Charles] αμαρτοι P | καταλυσιν καταραν P   8 σοφιαν P   VI 1 και εγενετο]
pr εκ του πρωτου βιβλιου Ενωχ περι των εγρηγορων Sync   3 θελησετε Syncᴳ

P τὸ πρᾶγμα τοῦτο, καὶ ἔσομαι ἐγὼ μόνος ὀφειλέτης ἁμαρτίας μεγά-
λης. ⁴ἀπεκρίθησαν οὖν αὐτῷ πάντες Ὁμόσωμεν ὅρκῳ πάντες καὶ 4
ἀναθεματίσωμεν πάντες ἀλλήλους μὴ ἀποστρέψαι τὴν γνώμην ταύ-
την, μέχρις οὗ ἂν τελέσωμεν αὐτὴν καὶ ποιήσωμεν τὸ πρᾶγμα
τοῦτο. ⁵τότε ὤμοσαν πάντες ὁμοῦ καὶ ἀνεθεμάτισαν ἀλλήλους 5
ἐν αὐτῷ. ⁷Καὶ ταῦτα τὰ ὀνόματα τῶν ἀρχόντων αὐτῶν· 7
Σεμιαζά, οὗτος ἦν ἄρχων αὐτῶν· Ἀραθάκ, Κιμβρά, Σαμμανή, Δα-
νειήλ, Ἀρεαρώς, Σεμιήλ, Ἰωμειήλ, Χωχαριήλ, Ἐζεκιήλ, Βατριήλ,
Σαθιήλ, Ἀτριήλ, Ταμιήλ, Βαρακιήλ, Ἀνανθνά, Θωνιήλ, Ῥαμιήλ,
Ἀσεάλ, Ῥακειήλ, Τουριήλ. ⁸οὗτοί εἰσιν αὐτῶν οἱ δεκα[δ]άρχαι. 8
¹Καὶ ἔλαβον ἑαυτοῖς γυναῖκας· ἕκαστος αὐτῶν ἐξελέξαντο ἑαυτοῖς 1 VII
γυναῖκας, καὶ ἤρξαντο εἰσπορεύεσθαι πρὸς αὐτὰς καὶ μιαίνεσθαι ἐν
αὐταῖς· καὶ ἐδίδαξαν αὐτὰς φαρμακείας καὶ ἐπαοιδὰς καὶ ῥιζοτομίας,
καὶ τὰς βοτάνας ἐδήλωσαν αὐταῖς. ²Αἱ δὲ ἐν γαστρὶ λα- 2
βοῦσαι ἐτέκοσαν γίγαντας μεγάλους ἐκ πηχῶν τρισχιλίων, ³οἵτινες 3
κατέσθοσαν τοὺς κόπους τῶν ἀνθρώπων. ὡς δὲ οὐκ ἐδυνήθησαν
αὐτοῖς οἱ ἄνθρωποι ἐπιχορηγεῖν, ⁴οἱ γίγαντες ἐτόλμησαν ἐπ᾽ αὐτούς, 4
καὶ κατεσθίοσαν τοὺς ἀνθρώπους. ⁵καὶ ἤρξαντο ἁμαρτάνειν ἐν τοῖς 5
πετεινοῖς καὶ τοῖς [θ]ηρίοις καὶ ἑρπετοῖς καὶ τοῖς [ἰ]χθύσιν, καὶ ἀλλή-
λων τὰς σάρκας κατεσθίειν, καὶ τὸ αἷμα ἔπινον. ⁶τότε ἡ γῆ ἐνέτυχεν 6
κατὰ τῶν ἀνόμων.

Sync. τοῦτο, καὶ ἔσομαι ἐγὼ μόνος ὀφειλέτης ἁμαρτίας μεγάλης. ⁴καὶ ἀπεκρί- 4
θησαν αὐτῷ πάντες καὶ εἶπον Ὁμόσωμεν ἅπαντες ὅρκῳ καὶ ἀναθεματίσωμεν
ἀλλήλους τοῦ μὴ ἀποστρέψαι τὴν γνώμην ταύτην, μέχρις οὗ ἀποτελέσωμεν
αὐτήν. ⁵τότε πάντες ὤμοσαν ὁμοῦ καὶ ἀνεθεμάτισαν ἀλλήλους. ⁶ἦσαν δὲ ⁵₆
δὲ οὗτοι διακόσιοι οἱ καταβάντες ἐν ταῖς ἡμέραις Ἰάρεδ εἰς τὴν κορυφὴν τοῦ
Ἑρμονιεὶμ ὄρους, καὶ ἐκάλεσαν τὸ ὄρος Ἑρμώμ, καθότι ὤμοσαν καὶ ἀνεθε-
μάτισαν ἀλλήλους ἐν αὐτῷ. ⁷Καὶ ταῦτα τὰ ὀνόματα τῶν ἀρχόντων 7
αὐτῶν· α´ Σεμιαζᾶς, ὁ ἄρχων αὐτῶν, β´ Ἀταρκούφ, γ´ Ἀρακιήλ, δ´ Χωβα-
βιήλ, ε´ Ὀραμμαμή, ϛ´ Ῥαμιήλ, ζ´ Σαμψίχ, η´ Ζακιήλ, θ´ Βαλκιήλ, ι´ Ἀζαλ-
ζήλ, ια´ Φαρμαρός, ιβ´ Ἀμαριήλ, ιγ´ Ἀναγημάς, ιδ´ Θαυσαήλ, ιε´ Σαμιήλ,
ιϛ´ Σαρινᾶς, ιζ´ Εὐμιήλ, ιη´ Τυριήλ, ιθ´ Ἰουμιήλ, κ´ Σαριήλ.
¹Οὗτοι καὶ οἱ λοιποὶ πάντες ἐν τῷ χιλιοστῷ ἑκατοστῷ ἑβδομηκοστῷ ἔτει 1 VII
τοῦ κόσμου ἔλαβον ἑαυτοῖς γυναῖκας, καὶ ἤρξαντο μαίνεσθαι ἐν αὐταῖς ἕως
τοῦ κατακλυσμοῦ. καὶ ἔτεκον αὐτοῖς γένη τρία· πρῶτον γίγαντας μεγάλους,
²οἱ δὲ γίγαντες ἐτέκνωσαν ναφηλείμ, καὶ τοῖς ναφηλεὶμ ἐγεννήθησαν 2
ἐλιούδ. καὶ ἦσαν αὐξανόμενοι κατὰ τὴν μεγαλειότητα αὐτῶν, καὶ ἐδίδαξαν
ἑαυτοὺς καὶ τὰς γυναῖκας ἑαυτῶν φαρμακείας καὶ ἐπαοιδίας.

---

6 του Ερμονιειμ] om του Syncᵍ | Ερμων Syncᵍ | ομοσαν Syncᵍ 7 ο
Ευμιηλ Syncᵃ 8 αυτων οι δεκαδαρχαι] αρχε αυτων οι δεκα P VII 2 να-
φηλειμ 1°] αφηλειμ Syncᵃ

VIII 1   ¹Ἐδίδαξεν τοὺς ἀνθρώπους Ἀζαὴλ μαχαίρας ποιεῖν καὶ ὅπλα καὶ P
ἀσπίδας καὶ θώρακας, διδάγματα ἀγγέλων, καὶ ὑπέδειξεν αὐτοῖς τὰ
μέταλλα καὶ τὴν ἐργασίαν αὐτῶν, καὶ ψέλια καὶ κόσμους καὶ στί-
βεις καὶ τὸ καλλιβλέφαρον καὶ παντοίους λίθους ἐκλεκτοὺς καὶ
2 τὰ βαφικά. ²καὶ ἐγένετο ἀσέβεια πολλή, καὶ ἐπόρνευσαν καὶ
ἀπεπλανήθησαν καὶ ἠφανίσθησαν ἐν πάσαις ταῖς ὁδοῖς αὐτῶν.
3 ³Σεμιαζᾶς ἐδίδαξεν ἐπαοιδὰς καὶ ῥιζοτομίας· Ἀρμαρὼς ἐπαοιδῶν λυ-
τήριον· Ῥακιὴλ ἀστρολογίας· Χωχιὴλ τὰ σημειωτικά· Σαθιὴλ ἀστε-
4 ροσκοπίαν· Σεριὴλ σεληναγωγίας. ⁴τῶν οὖν ἀνθρώπων ἀπολλυ-
μένων ἡ βο[ὴ] εἰς οὐρανοὺς ἀνέβη.

IX 1   ¹Τότε παρ[α]κύψαντες Μιχαὴλ καὶ Οὐ[ρι]ὴλ καὶ Ῥαφαὴλ καὶ
Γαβριή[λ], οὗτοι ἐκ τοῦ οὐρανοῦ ἐθεάσ[αν]το αἷμα πολὺ ἐκχυννό-

VIII 1   ¹Πρῶτος Ἀζαὴλ ὁ δέκατος τῶν ἀρχόντων ἐδίδαξε ποιεῖν μαχαίρας καὶ Sync.
θώρακας καὶ πᾶν σκεῦος πολεμικόν, καὶ τὰ μέταλλα τῆς γῆς καὶ τὸ χρυσίον,
πῶς ἐργάσωνται καὶ ποιήσωσιν αὐτὰ κόσμια ταῖς γυναιξί, καὶ τὸν ἄργυρον.
ἔδειξε δὲ αὐτοῖς καὶ τὸ στίλβειν καὶ τὸ καλλωπίζειν καὶ τοὺς ἐκλεκτοὺς λίθους
καὶ τὰ βαφικά· καὶ ἐποίησαν ἑαυτοῖς οἱ υἱοὶ τῶν ἀνθρώπων καὶ ταῖς θυγα-
2 τράσιν αὐτῶν, καὶ παρέβησαν καὶ ἐπλάνησαν τοὺς ἁγίους. ²καὶ ἐγένετο
3 ἀσέβεια πολλὴ ἐπὶ τῆς γῆς, καὶ ἠφάνισαν τὰς ὁδοὺς αὐτῶν. ³ἔτι δὲ καὶ
ὁ πρώταρχος αὐτῶν Σεμιαζᾶς ἐδίδαξεν εἶναι ὀργὰς κατὰ τοῦ νοός, καὶ ῥίζας
βοτανῶν τῆς γῆς. ὁ δὲ ἑνδέκατος Φαρμαρὸς ἐδίδαξε φαρμακείας, ἐπαοιδίας,
σοφίας, καὶ ἐπαοιδῶν λυτήρια· ὁ ἔνατος ἐδίδαξεν ἀστροσκοπίαν· ὁ δὲ
τέταρτος ἐδίδαξεν ἀστρολογίαν· ὁ δὲ ὄγδοος ἐδίδαξεν ἀεροσκοπίαν· ὁ δὲ
τρίτος ἐδίδαξε τὰ σημεῖα τῆς γῆς· ὁ δὲ ἕβδομος ἐδίδαξε τὰ σημεῖα τοῦ
ἡλίου· ὁ δὲ εἰκοστὸς ἐδίδαξε τὰ σημεῖα τῆς σελήνης. πάντες οὗτοι ἤρξαντο
ἀνακαλύπτειν τὰ μυστήρια ταῖς γυναιξὶν αὐτῶν καὶ τοῖς τέκνοις αὐτῶν.
μετὰ δὲ ταῦτα ἤρξαντο οἱ γίγαντες κατεσθίειν τὰς σάρκας τῶν ἀνθρώπων·
4 ⁴καὶ ἤρξαντο οἱ ἄνθρωποι ἐλαττοῦσθαι ἐπὶ τῆς γῆς.

Sync.₁   οἱ δὲ λοιποὶ ἐβόησαν εἰς τὸν   ⁴Τότε ἐβόησαν οἱ ἄνθρωποι εἰς 4 Sync.₂
οὐρανὸν περὶ τῆς κακώσεως αὐτῶν,   τὸν οὐρανὸν λέγοντες Εἰσαγάγετε
λέγοντες εἰσενεχθῆναι τὸ μνημό-   τὴν κρίσιν ἡμῶν πρὸς τὸν ὕψιστον,
συνον αὐτῶν ἐνώπιον Κυρίου.   καὶ τὴν ἀπώλειαν ἡμῶν ἐνώπιον
                                  τῆς δόξης τῆς μεγάλης, ἐνώπιον
                                    τοῦ κυρίου τῶν κυρίων πάντων τῇ
                                    μεγαλωσύνη.

IX 1   ¹Καὶ ἀκούσαντες οἱ τέσσαρες   ¹Καὶ ἀκούσαντες οἱ τέσσαρες 1
μεγάλοι ἀρχάγγελοι, Μιχαὴλ καὶ   μεγάλοι ἀρχάγγελοι, Μιχαὴλ καὶ
Οὐριὴλ καὶ Ῥαφαὴλ καὶ Γαβριήλ,   Οὐριὴλ καὶ Ῥαφαὴλ καὶ Γαβριήλ,
παρέκυψαν ἐπὶ τὴν γῆν ἐκ τῶν   παρέκυψαν ἐπὶ τὴν γῆν ἐκ τῶν
ἁγίων τοῦ οὐρανοῦ· καὶ θεασάμενοι   ἁγίων τοῦ οὐρανοῦ· καὶ θεασά-
αἷμα πολὺ ἐκκεχυμένον ἐπὶ τῆς   μενοι αἷμα πολὺ ἐκκεχυμένον ἐπὶ

VIII 1 αρχοντων]+και Sync^g | μεταλλα] μεγαλα P   3 και ο]+δε
Sync^g | αστροκοπιαν Sync^g | σεληνοναγιας P   4 pr εκ του λογου Ενωχ τα
λοιπα περι εγρηγορων Sync₂^g | των ουν coniec Charles] τον νουν P | μεγαλο-
συνη Sync₂^g

P μεν[ον] ἐπὶ τῆς γῆς· ²καὶ εἶπαν πρὸς ἀλλήλους Φωνὴ βοώντων ἐπὶ 2
τῆς γῆς μέχρι πυλῶν τοῦ οὐρανοῦ. ³ἐντυγχάνουσιν αἱ ψυχαὶ τῶν 3
ἀνθρώπων λεγόντων Εἰσαγάγετε τὴν κρίσιν ἡμῶν πρὸς τὸν ὕψι-
στον. ⁴Καὶ εἶπα[ν] τῷ κυρίῳ Σὺ εἶ κύριος τῶν κυρίων καὶ 4
ὁ θεὸς τῶν θεῶν καὶ βασιλεὺς τῶν αἰώνων· ὁ θρόνος τῆς δόξης
σου εἰς πάσας τὰς γενεὰς τοῦ αἰῶνος, καὶ τὸ ὄνομά σου τὸ ἅγιον
καὶ μέγα καὶ εὐλογητὸν εἰς πάντας τοὺς αἰῶνας. ⁵σὺ γὰρ ἐποίη- 5
σας τὰ πάντα, καὶ πᾶσαν τὴν ἐξουσίαν ἔχων, καὶ πάντα ἐνώπιόν
σου φανερὰ καὶ ἀκάλυπτα. ⁶καὶ πάντα σὺ ὁρᾷς ἃ ἐποίησεν ᾿Αζαήλ, 6
ὃς ἐδίδαξεν πάσας τὰς ἀδικίας ἐπὶ τῆς γῆς καὶ ἐδήλωσεν τὰ μυστή-
ρια τοῦ αἰῶνος τὰ ἐν τῷ οὐρανῷ ἃ ἐπιτηδεύουσιν [καὶ] ἔγνωσαν ἄν-
θρωποι· ⁷καὶ Σεμιαζᾶς, ᾧ τὴν ἐξουσίαν ἔδωκας ἄρχειν τῶν σὺν αὐτῷ 7

Sync.₁

γῆς καὶ πᾶσαν ἀσέβειαν καὶ ἀνο-
2 μίαν γενομένην ἐπ᾿ αὐτῆς, ²εἰσελ-
θόντες εἶπον πρὸς ἀλλήλους ὅτι
Τὰ πνεύματα καὶ αἱ ψυχαὶ τῶν
ἀνθρώπων στενάζουσιν ἐντυγχά-
νοντα καὶ λέγοντα ὅτι Εἰσαγάγετε
τὴν κρίσιν ἡμῶν πρὸς τὸν ὕψιστον,
καὶ τὴν ἀπώλειαν ἡμῶν ἐνώπιον
τῆς δόξης τῆς μεγαλωσύνης, ἐνώ-
πιον τοῦ κυρίου τῶν κυρίων πάντων
4 τῇ μεγαλωσύνῃ. ⁴Καὶ εἶπον
τῷ κυρίῳ τῶν αἰώνων Σὺ εἶ ὁ θεὸς
τῶν θεῶν καὶ κύριος τῶν κυρίων καὶ
ὁ βασιλεὺς τῶν βασιλευόντων καὶ
θεὸς τῶν αἰώνων, καὶ ὁ θρόνος τῆς
δόξης σου εἰς πάσας τὰς γενεὰς
τῶν αἰώνων, καὶ τὸ ὄνομά σου
ἅγιον καὶ εὐλογημένον εἰς πάντας
τοὺς αἰῶνας.

τῆς γῆς καὶ πᾶσαν ἀνομίαν καὶ
ἀσέβειαν γινομένην ἐπ᾿ αὐτῆς, ³εἰσ-
ελθόντες εἶπον πρὸς ἀλλήλους ὅτι
Τὰ πνεύματα καὶ αἱ ψυχαὶ τῶν ἀν-
θρώπων ἐντυγχάνουσι στενάζοντα
καὶ λέγοντα Εἰσαγάγετε τὴν δέησιν
ἡμῶν πρὸς τὸν ὕψιστον. ⁴Καὶ
προσελθόντες οἱ τέσσαρες ἀρχάγ-
γελοι εἶπον τῷ κυρίῳ Σὺ εἶ θεὸς
τῶν θεῶν καὶ κύριος τῶν κυρίων
καὶ βασιλεὺς τῶν βασιλευόντων καὶ
θεὸς τῶν ἀνθρώπων, καὶ ὁ θρόνος
τῆς δόξης σου εἰς πάσας τὰς γενεὰς
τῶν αἰώνων, καὶ τὸ ὄνομά σου ἅγιον
καὶ εὐλογημένον εἰς πάντας τοὺς
αἰῶνας.

Sync.₂

Sync.

⁵σὺ γὰρ εἶ ὁ ποιήσας τὰ πάντα καὶ πάντων τὴν ἐξουσίαν ἔχων, καὶ 5
πάντα ἐνώπιόν σου φανερὰ καὶ ἀκάλυπτα· καὶ πάντα ὁρᾷς, καὶ οὐκ ἔστιν
ὃ κρυβῆναί σε δύναται. ⁶ὁρᾷς ὅσα ἐποίησεν ᾿Αζαὴλ καὶ ὅσα εἰσήνεγκεν, 6
ὅσα ἐδίδαξεν, ἀδικίας καὶ ἁμαρτίας ἐπὶ τῆς γῆς καὶ πάντα δόλον ἐπὶ τῆς
ξηρᾶς. ἐδίδαξε γὰρ τὰ μυστήρια καὶ ἀπεκάλυψε τῷ αἰῶνι τὰ ἐν οὐρανῷ.
ἐπιτηδεύουσι δὲ τὰ ἐπιτηδεύματα αὐτοῦ, εἰδέναι τὰ μυστήρια, οἱ υἱοὶ τῶν
ἀνθρώπων. ⁷τῷ Σεμιαζᾷ τὴν ἐξουσίαν ἔδωκας ἔχειν τῶν σὺν αὐτῷ ἅμα 7

IX 1 om επ αυτης Sync₁ᵍ   2 τον υψ.] om τον Sync₁ᵍ | μεγαλοσ.
bis Sync₁ᵍ   4 θεος 2°] pr ο Sync₁ᵍ | ο θρονος] om ο Sync₁ᵍ | αιωνας]+και
τα εξης. τοτε ο υψιστος εκελευσε τοις αγιοις αρχαγγελοις και εδησαν τους
εξαρχους αυτων και εβαλον (εβαλλον Syncᵍ) αυτους εις την αβυσσον εως της
κρισεως και τα εξης Sync₁   5 om σε δυναται Syncᵍ   6 και οσα] om
και Sync₂ᵍ | τω αιωνι] om τω Syncᵍ

8 ἅμα ὄντων. ⁸καὶ ἐπορεύθησαν πρὸς τὰς θυγατέρας τῶν ἀνθρώπων P
τῆς γῆς καὶ συνεκοιμήθησαν αὐταῖς καὶ ἐμιάνθησαν, καὶ ἐδήλωσαν
9 αὐταῖς πάσας τὰς ἁμαρτίας. ⁹καὶ αἱ γυναῖκες ἐγέννησαν τιτᾶνας,
10 ὑφ᾽ ὧν ὅλη ἡ γῆ ἐπλήσθη αἵματος καὶ ἀδικίας. ¹⁰καὶ νῦν ἰδοὺ
βοῶσιν αἱ ψυχαὶ τῶν τετελευτηκότων καὶ ἐντυγχάνουσιν μέχρι τῶν
πυλῶν τοῦ οὐρανοῦ, καὶ ἀνέβη ὁ στεναγμὸς αὐτῶν καὶ οὐ δύναται
ἐξελθεῖν ἀπὸ προσώπου τῶν ἐπὶ τῆς γῆς γινομένων ἀνομημάτων.
11 ¹¹καὶ σὺ πάντα οἶδας πρὸ τοῦ αὐτὰ γενέσθαι, καὶ σὺ ὁρᾷς ταῦτα
καὶ ἐᾷς αὐτούς, καὶ οὐδὲ ἡμῖν λέγεις τί δεῖ ποιεῖν αὐτοὺς περὶ
τούτων.

Χ 1   ¹Τότε Ὕψιστος εἶπεν περὶ τούτων, ὁ μέγας Ἅγιος, καὶ ἐλάλησεν
2 καὶ εἶπεν καὶ ἔπεμψεν Ἰστραὴλ πρὸς τὸν υἱὸν Λέμεχ ²Εἶπον αὐτῷ
ἐπὶ τῷ ἐμῷ ὀνόματι Κρύψον σεαυτόν, καὶ δήλωσον αὐτῷ τέλος
ἐπερχόμενον, ὅτι ἡ γῆ ἀπόλλυται πᾶσα, καὶ κατακλυσμὸς μέλλει
3 γίνεσθαι πάσης τῆς γῆς καὶ ἀπολέσει πάντα ὅσα ἐστὶν αὐτῇ. ³καὶ
δίδαξον αὐτὸν ὅπως ἐκφύγῃ, καὶ μενεῖ τὸ σπέρμα αὐτοῦ εἰς πάσας
4 τὰς γενεὰς τοῦ αἰῶνος.   ⁴Καὶ τῷ Ῥαφαὴλ εἶπεν Δῆσον τὸν
Ἀζαὴλ ποσὶν καὶ χερσίν, καὶ βάλε αὐτὸν εἰς τὸ σκότος, καὶ ἄνοι-

---

8 ὄντων. ⁸καὶ ἐπορεύθησαν πρὸς τὰς θυγατέρας τῶν ἀνθρώπων τῆς γῆς καὶ Sync.
συνεκοιμήθησαν μετ᾽ αὐτῶν καὶ ἐν ταῖς θηλείαις ἐμιάνθησαν, καὶ ἐδήλωσαν
9 αὐταῖς πάσας τὰς ἁμαρτίας, καὶ ἐδίδαξαν αὐτὰς μίσητρα ποιεῖν. 9καὶ νῦν
10 ἰδοὺ αἱ θυγατέρες τῶν ἀνθρώπων ἔτεκον ἐξ αὐτῶν υἱοὺς γίγαντας· κίβδηλα
ἐπὶ τῆς γῆς τῶν ἀνθρώπων ἐκκέχυται, καὶ ὅλη ἡ γῆ ἐπλήσθη ἀδικίας. ¹⁰καὶ
νῦν ἰδοὺ τὰ πνεύματα τῶν ψυχῶν τῶν ἀποθανόντων ἀνθρώπων ἐντυγχάνουσι,
καὶ μέχρι τῶν πυλῶν τοῦ οὐρανοῦ ἀνέβη ὁ στεναγμὸς αὐτῶν καὶ οὐ δύναται
11 ἐξελθεῖν ἀπὸ προσώπου τῶν ἐπὶ τῆς γῆς γινομένων ἀδικημάτων. ¹¹καὶ σὺ
αὐτὰ οἶδας πρὸ τῶν αὐτὰ γενέσθαι καὶ ὁρᾷς αὐτοὺς καὶ ἐᾷς αὐτούς, καὶ οὐδὲν
λέγεις.   τί δεῖ ποιῆσαι αὐτοὺς περὶ τούτου ;
Χ 1   ¹Τότε ὁ ὕψιστος εἶπε καὶ ὁ ἅγιος ὁ μέγας ἐλάλησε, καὶ ἔπεμψε τὸν
2 Οὐριὴλ πρὸς τὸν υἱὸν Λάμεχ λέγων ²Πορεύου πρὸς τὸν Νῶε καὶ εἰπὸν αὐτῷ
τῷ ἐμῷ, ὀνόματι Κρύψον σεαυτόν, καὶ δήλωσον αὐτῷ τέλος ἐπερχόμενον, ὅτι
ἡ γῆ ἀπόλλυται πᾶσα· καὶ εἰπὸν αὐτῷ ὅτι κατακλυσμὸς μέλλει γίνεσθαι
3 πάσης τῆς γῆς, ἀπολέσαι πάντα ἀπὸ προσώπου τῆς γῆς. ³δίδαξον τὸν
δίκαιον τί ποιήσει, τὸν υἱὸν Λάμεχ, καὶ τὴν ψυχὴν αὐτοῦ εἰς ζωὴν συντηρήσει,
καὶ ἐκφεύξεται δι᾽ αἰῶνος, καὶ ἐξ αὐτοῦ φυτευθήσεται φύτευμα καὶ σταθήσεται
4 πάσας τὰς γενεὰς τοῦ αἰῶνος.   ⁴Καὶ τῷ Ῥαφαὴλ εἶπε Πορεύου, Ῥαφαήλ,
καὶ δῆσον τὸν Ἀζαήλ· χερσὶ καὶ ποσὶ συμπόδισον αὐτόν, καὶ ἔμβαλε αὐτὸν

---

8 om αυτας Syncᵍ   9 om των ανθρ. (2°) Syncᵍ | τειτωναις P*ᵛⁱᵈ (-νας
Pᶜᵒʳʳ) | της γης] om της Sync₂ᵍ   11 om αυτους 3° Sync₂ᵍ   Χ 1 του
Λαμεχ Syncᵍ   4 εμβαλλε Syncᵍ

P ξον τὴν ἔρημον τὴν οὖσαν ἐν τῷ Δαδουὴλ κἀκεῖ βάλε αὐτόν, ⁵καὶ 5
ὑπόθες αὐτῷ λίθους τραχεῖς καὶ ὀξεῖς καὶ ἐπικάλυψον αὐτῷ τὸ
σκότος, καὶ οἰκησάτω ἐκεῖ εἰς τοὺς αἰῶνας, καὶ τὴν ὄψιν αὐτοῦ
πώμασον καὶ φῶς μὴ θεωρείτω· ⁶καὶ ἐν τῇ ἡμέρᾳ τῆς μεγάλης τῆς 6
κρίσεως ἀπαχθήσεται εἰς τὸν ἐνπυρισμόν. ⁷καὶ ἰαθήσεται ἡ γῆ, ἣν 7
ἠφάνισαν οἱ ἄγγελοι, καὶ τὴν ἴασιν τῆς γῆς δήλωσον, ἵνα ἰάσων-
ται τὴν πληγήν, ἵνα μὴ ἀπόλωνται πάντες οἱ υἱοὶ τῶν ἀνθρώπων
ἐν τῷ μυστηρίῳ ὅλῳ ᾧ ἐπέταξαν οἱ ἐγρήγοροι καὶ ἔδειξαν τοὺς
υἱοὺς αὐτῶν, ⁸καὶ ἠρημώθη πᾶσα ἡ γῆ ἀφανισθεῖσα ἐν τοῖς ἔρ- 8
γοις τῆς διδασκαλίας Ἀζαήλ· καὶ ἐπ᾽ αὐτῷ γράψον τὰς ἁμαρτίας
πάσας. ⁹Καὶ τῷ Γαβριὴλ εἶπεν ὁ κύριος Πορεύου ἐπὶ τοὺς 9
μαζηρέους, ἐπὶ τοὺς κιβδήλους καὶ τοὺς υἱοὺς τῆς πορνείας, καὶ
ἀπόλεσον τοὺς υἱοὺς τῶν ἐγρηγόρων ἀπὸ τῶν ἀνθρώπων· πέμψον
αὐτοὺς ἐν πολέμῳ ἀπωλείας. μακρότης γὰρ ἡμερῶν οὐκ ἔστιν αὐ-
τῶν, ¹⁰καὶ πᾶσα ἐρώτησις [οὐκ] ἔσται τοῖς πατράσιν αὐτῶν καὶ περὶ 10
αὐτῶν, ὅτι ἐλπίζουσιν ζῆσαι ζωὴν αἰώνιον, καὶ ὅτι ζήσεται ἕκαστος
αὐτῶν ἔτη πεντακόσια. ¹¹Καὶ εἶπεν Μιχαὴλ Πορεύου καὶ 11
δήλωσον Σεμιαζᾷ καὶ τοῖς λοιποῖς τοῖς σὺν αὐτῷ ταῖς γυναιξὶν μι-
γεῖσιν, μιανθῆναι ἐν αὐταῖς ἐν τῇ ἀκαθαρσίᾳ αὐτῶν· ¹²καὶ ὅταν 12

Sync. εἰς τὸ σκότος, καὶ ἄνοιξον τὴν ἔρημον τὴν οὖσαν ἐν τῇ ἐρήμῳ Δουδαήλ,
καὶ ἐκεῖ πορευθεὶς βάλε αὐτόν· ⁵καὶ ὑπόθες αὐτῷ λίθους ὀξεῖς καὶ λίθους 5
τραχεῖς καὶ ἐπικάλυψον αὐτῷ σκότος, καὶ οἰκησάτω ἐκεῖ εἰς τὸν αἰῶνα· καὶ
τὴν ὄψιν αὐτοῦ πώμασον καὶ φῶς μὴ θεωρείτω· ⁶καὶ ἐν τῇ ἡμέρᾳ τῆς 6
κρίσεως ἀπαχθήσεται εἰς τὸν ἐμπυρισμὸν τοῦ πυρός. ⁷καὶ ἴασαι τὴν γῆν ἣν 7
ἣν ἠφάνισαν οἱ ἐγρήγοροι, καὶ τὴν ἴασιν τῆς πληγῆς δήλωσον, ἵνα ἰάσωνται
τὴν πληγὴν καὶ μὴ ἀπόλωνται πάντες οἱ υἱοὶ τῶν ἀνθρώπων ἐν τῷ μυστηρίῳ
δ εἶπον οἱ ἐγρήγοροι καὶ ἐδίδαξαν τοὺς υἱοὺς αὐτῶν, ⁸καὶ ἠρημώθη πᾶσα ἡ 8
γῆ ἐν τοῖς ἔργοις τῆς διδασκαλίας Ἀζαήλ· καὶ ἐπ᾽ αὐτῇ γράψον πάσας τὰς
ἁμαρτίας. ⁹Καὶ τῷ Γαβριὴλ εἶπε Πορεύου, Γαβριήλ, ἐπὶ τοὺς γίγαντας, 9
ἐπὶ τοὺς κιβδήλους, ἐπὶ τοὺς υἱοὺς τῆς πορνείας, καὶ ἀπόλεσον τοὺς υἱοὺς τῶν
ἐγρηγόρων ἀπὸ τῶν υἱῶν τῶν ἀνθρώπων· πέμψον αὐτοὺς εἰς ἀλλήλους, ἐξ
αὐτῶν εἰς αὐτούς, ἐν πολέμῳ καὶ ἐν ἀπωλείᾳ. καὶ μακρότης ἡμερῶν οὐκ ἔσται
αὐτοῖς, ¹⁰καὶ πᾶσα ἐρώτησις οὐκ ἔστι τοῖς πατράσιν αὐτῶν, ὅτι ἐλπίζουσι 10
ζῆσαι ζωὴν αἰώνιον, καὶ ὅτι ζήσεται ἕκαστος αὐτῶν ἔτη πεντακόσια. ¹¹Καὶ 11
τῷ Μιχαὴλ εἶπε Πορεύου, Μιχαήλ, δῆσον Σεμιαζᾶν καὶ τοὺς ἄλλους σὺν
αὐτῷ τοὺς συμμιγέντας ταῖς θυγατράσι τῶν ἀνθρώπων τοῦ μιανθῆναι ἐν
αὐταῖς ἐν τῇ ἀκαθαρσίᾳ αὐτῶν. ¹²καὶ ὅταν κατασφαγῶσιν οἱ υἱοὶ αὐτῶν 12

5 και λιθ.] om και Syncᵍ | τω σκ. P | οικειωσατω Syncᵍ   7 μη]
μην P | επαταξαν P   8 ερημωθη Syncᵍ⁽ᵗˣᵗ⁾   9 τον Γ. Syncᵍ   10 ερω-
τησις (coniec Lods)] εργεσις P   11 τον Μ. Syncᵍ⁽ᵗˣᵗ⁾ | μιγεντας P

κατασφαγῶσιν οἱ υἱοὶ αὐτῶν καὶ ἴδωσιν τὴν ἀπώλειαν τῶν ἀγα- P
πητῶν, καὶ δῆσον αὐτοὺς ἑβδομήκοντα γενεὰς εἰς τὰς νάπας τῆς
γῆς μέχρι ἡμέρας κρίσεως αὐτῶν καὶ συντελεσμοῦ, ἕως τελεσθῇ τὸ
13 κρίμα τοῦ αἰῶνος τῶν αἰώνων. ¹³τότε ἀπαχθήσονται εἰς τὸ χάος
τοῦ πυρὸς καὶ εἰς τὴν βάσανον καὶ εἰς τὸ δεσμωτήριον συνκλεί-
14 σεως αἰῶνος. ¹⁴καὶ ὃς ἂν κατακαυθῇ καὶ ἀφανισθῇ ἀπὸ τοῦ νῦν,
15 μετ' αὐτῶν ὁμοῦ δεθήσονται μέχρι τελειώσεως γενεᾶς. ¹⁵ἀπόλε-
σον πάντα τὰ πνεύματα τῶν κιβδήλων καὶ τοὺς υἱοὺς τῶν ἐγρηγόρων
16 διὰ τὸ ἀδικῆσαι τοὺς ἀνθρώπους. ¹⁶καὶ ἀπόλεσον τὴν ἀδικίαν πᾶσαν
ἀπὸ τῆς γῆς, καὶ πᾶν ἔργον πονηρίας ἐκλειπέτω, καὶ ἀναφανήτω τὸ
φυτὸν τῆς δικαιοσύνης καὶ τῆς ἀληθείας εἰς τοὺς αἰῶνας· μετὰ χαρᾶς
17 φυτευθήσεται. ¹⁷Καὶ νῦν πάντες οἱ δίκαιοι ἐκφεύξονται, καὶ
ἔσονται ζῶντες ἕως γεννήσωσιν χιλιάδας, καὶ πᾶσαι αἱ ἡμέραι νεότη-
18 τος αὐτῶν, καὶ τὰ σάββατα αὐτῶν μετὰ εἰρήνης πληρώσουσιν. ¹⁸τότε
ἐργασθήσεται πᾶσα ἡ γῆ ἐν δικαιοσύνῃ καὶ καταφυτευθήσεται δέν-
19 δρον ἐν αὐτῇ, καὶ πλησθήσεται εὐλογίας. ¹⁹καὶ πάντα τὰ δένδρα
τῆς γῆς ἀγαλλιάσονται· φυτευθήσεται, καὶ ἔσονται φυτεύοντες ἀμπέ-
λους, καὶ ἡ ἄμπελος ἣν ἂν φυτεύσωσιν, ποιήσουσιν προχοὺς οἴνου·
χιλιάδας καὶ σπόρου ποιήσει καθ' ἕκαστον μέτρον, ἐλαίας ποιή-
20 σει ἀνὰ βάτους δέκα. ²⁰καὶ σὺ καθάρισον τὴν γῆν ἀπὸ πάσης
ἀκαθαρσίας καὶ ἀπὸ πάσης ἀδικίας καὶ ἀπὸ πάσης ἁμαρτίας καὶ
ἀσεβείας, καὶ πάσας τὰς ἀκαθαρσίας τὰς γινομένας ἐπὶ τῆς γῆς
21 ἐξάλειψον. ²¹καὶ ἔσονται πάντες λατρεύοντες οἱ λαοὶ καὶ εὐλο-
22 γοῦντες πάντες ἐμοὶ καὶ προσκυνοῦντες. ²²καὶ καθαρισθήσεται
πᾶσα ἡ γῆ ἀπὸ παντὸς μιάμματος καὶ ἀπὸ πάσης ἀκαθαρσίας καὶ
ὀργῆς καὶ μάστιγος, καὶ οὐκέτι πέμψω ἐπ' αὐτοὺς εἰς πάσας τὰς
XI 1 γενεὰς τοῦ αἰῶνος. ¹καὶ τότε ἀνοίξω τὰ ταμεῖα τῆς εὐλογίας τὰ
ὄντα ἐν τῷ οὐρανῷ, καὶ κατενεγκεῖν αὐτὰ ἐπὶ τὰ ἔργα, ἐπὶ τὸν
2 κόπον τῶν υἱῶν τῶν ἀνθρώπων. ²καὶ τότε ἀλήθεια καὶ εἰρήνη

καὶ ἴδωσι τὴν ἀπώλειαν τῶν ἀγαπητῶν αὐτῶν, δῆσον αὐτοὺς ἐπὶ ἑβδομήκοντα Sync.
γενεὰς εἰς τὰς νάπας τῆς γῆς μέχρι ἡμέρας κρίσεως αὐτῶν, μέχρι ἡμέρας
13 τελειώσεως τελεσμοῦ, ἕως συντελεσθῇ κρίμα τοῦ αἰῶνος τῶν αἰώνων. ¹³τότε
ἀπενεχθήσονται εἰς τὸ χάος τοῦ πυρὸς καὶ εἰς τὴν βάσανον καὶ εἰς τὸ δεσμω-
14 τήριον τῆς συγκλείσεως τοῦ αἰῶνος. ¹⁴καὶ ὃς ἂν κατακριθῇ καὶ ἀφανισθῇ
ἀπὸ τοῦ νῦν, μετ' αὐτῶν δεθήσεται μέχρι τελειώσεως γενεᾶς αὐτῶν.

---

14 ος αν] οταν P corr vid | κατακαυσθη P | δεθησεται] δεησεται Sync$^{g\,(txt,}$
16 φυτευσεται P   19 και 3°] αι P   20 πασης 3°] σης P

P κοινωνήσουσιν ὁμοῦ εἰς πάσας τὰς ἡμέρας τοῦ αἰῶνος καὶ εἰς πάσας τὰς γενεὰς τῶν ἀνθρώπων.

¹Πρὸ τούτων τῶν λόγων ἐλήμφθη Ἐνώχ, καὶ οὐδεὶς τῶν ἀν- ₁ XII θρώπων ἔγνω ποῦ ἐλήμφθη καὶ ποῦ ἐστιν καὶ τί ἐγένετο αὐτῷ. ²καὶ τὰ ἔργα αὐτοῦ μετὰ τῶν ἐγρηγόρων, καὶ μετὰ τῶν ἁγίων αἱ ₂ ἡμέραι αὐτοῦ. ³Καὶ ἑστὼς ἤμην Ἐνὼχ εὐλογῶν τῷ κυρίῳ ₃ τῆς μεγαλοσύνης, τῷ βασιλεῖ τῶν αἰώνων. καὶ ἰδοὺ οἱ ἐγρήγοροι τοῦ ἁγίου τοῦ μεγάλου ἐκάλουν με ⁴Ἐνώχ, ὁ γραμματεὺς τῆς δι- ₄ καιοσύνης, πορεύου καὶ εἰπὲ τοῖς ἐγρηγόροις τοῦ οὐρανοῦ οἵτινες ἀπολιπόντες τὸν οὐρανὸν τὸν ὑψηλόν, τὸ ἁγίασμα τῆς στάσεως τοῦ αἰῶνος, μετὰ τῶν γυναικῶν ἐμιάνθησαν, καὶ ὥσπερ οἱ υἱοὶ τῆς γῆς ποιοῦσιν, οὕτως καὶ αὐτοὶ ποιοῦσιν, καὶ ἔλαβον ἑαυτοῖς γυναῖ- κας Ἀφανισμὸν μέγαν ἠφανίσατε τὴν γῆν, ⁵καὶ οὐκ ἔσται ὑμῖν ₅ εἰρήνη οὔτε ἄφεσις. καὶ περὶ ὧν χαίρουσιν τῶν υἱῶν αὐτῶν, ⁶τὸν ₆ φόνον τῶν ἀγαπητῶν αὐτῶν ὄψονται, καὶ ἐπὶ τῇ ἀπωλείᾳ τῶν υἱῶν αὐτῶν στενάξουσιν καὶ δεηθήσονται εἰς τὸν αἰῶνα, καὶ οὐκ ἔσται αὐτοῖς εἰς ἔλεον καὶ εἰρήνην.

¹Ὁ δὲ Ἐνὼχ τῷ Ἀζαὴλ εἶπεν Πορεύου· οὐκ ἔσται σοι εἰρήνη. ₁ XIII κρίμα μέγα ἐξῆλθεν κατὰ σοῦ δῆσαί σε, ²καὶ ἀνοχὴ καὶ ἐρώτησίς ₂ σοι οὐκ ἔσται περὶ ὧν ἔδειξας ἀδικημάτων καὶ περὶ πάντων τῶν ἔργων τῶν ἀσεβειῶν καὶ τῆς ἀδικίας καὶ τῆς ἁμαρτίας, ὅσα ὑπέ- δειξας τοῖς ἀνθρώποις.

³Τότε πορευθεὶς εἴρηκα πᾶσιν αὐτοῖς, καὶ αὐτοὶ πάντες ἐφοβή- ₃ θησαν, καὶ ἔλαβεν αὐτοὺς τρόμος καὶ φόβος. ⁴καὶ ἠρώτησαν ὅπως ₄ γράψω αὐτοῖς ὑπομνήματα ἐρωτήσεως, ἵνα γένηται αὐτοῖς ἄφεσις, καὶ ἵνα ἐγὼ ἀναγνῶ αὐτοῖς τὸ ὑπόμνημα τῆς ἐρωτήσεως ἐνώπιον Κυρίου τοῦ οὐρανοῦ, ⁵ὅτι αὐτοὶ οὐκ ἔτι δύνανται λαλῆσαι, οὐδὲ ἐπᾶ- ₅ ραι αὐτῶν τοὺς ὀφθαλμοὺς εἰς τὸν οὐρανὸν ἀπὸ αἰσχύνης περὶ ὧν ἡμαρτήκεισαν καὶ κατεκρίθησαν. ⁶Τότε ἔγραψα τὸ ὑπόμνημα ₆ τῆς ἐρωτήσεως αὐτῶν καὶ τὰς δεήσεις περὶ τῶν πνευμάτων αὐτῶν καὶ περὶ ὧν δέονται, ὅπως αὐτῶν γένωνται ἄφεσις καὶ μακρότης. ⁷καὶ πορευθεὶς ἐκάθισα ἐπὶ τῶν ὑδάτων Δὰν ἐν γῇ Δάν, ἥτις ἐστὶν ₇ ἐκ δεξιῶν Ἑρμωνειεὶμ δύσεως· ἀνεγίγνωσκον τὸ ὑπόμνημα τῶν δεήσεων αὐτῶν. ⁸ὡς ἐκοιμήθην, καὶ ἰδοὺ ὄνειροι ἐπ᾽ ἐμὲ ἦλθον ₈ καὶ ὁράσεις ἐπ᾽ ἐμὲ ἐπέπιπτον, καὶ ἴδον ὁράσεις ὀργῆς, καὶ ἦλθεν

XII **4** οι γραμματευς P | ηφανισατε] pr και P   XIII **4** γενηται] γενονται P | αναγνοι P   **5** δυνονται P

φωνὴ λέγουσα Εἶπον τοῖς υἱοῖς τοῦ οὐρανοῦ τοῦ ἐλέγξαι αὐτούς. Ρ
9 ⁹καὶ ἔξυπνος γενόμενος ἦλθον πρὸς αὐτούς, καὶ πάντες συνηγμένοι
ἐκάθηντο πενθοῦντες ἐν Ἐβελσατά, ἥτις ἐστὶν ἀνὰ μέσον τοῦ
10 Λιβάνου καὶ Σενισήλ, περικεκαλυμμένοι τὴν ὄψιν. ¹⁰ἐνώπιον αὐ-
τῶν καὶ ἀνήγγειλα αὐτοῖς πάσας τὰς ὁράσεις ἃς εἶδον κατὰ τοὺς
ὕπνους, καὶ ἠρξάμην λαλεῖν τοὺς λόγους τῆς δικαιοσύνης, ἐλέγχων
τοὺς ἐγρηγόρους τοῦ οὐρανοῦ.

XIV 1 ¹Βίβλος λόγων δικαιοσύνης καὶ ἐλέγξεως ἐγρηγόρων τῶν ἀπὸ
τοῦ αἰῶνος, κατὰ τὴν ἐντολὴν τοῦ ἁγίου τοῦ μεγάλου ἐν ταύτῃ τῇ
2 ὁράσει. ²Ἐγὼ εἶδον κατὰ τοὺς ὕπνους μου ἃ νῦν λέγω
ἐν γλώσσῃ σαρκίνῃ ἐν τῷ πνεύματι τοῦ στόματός μου, ὃ ἔδωκεν ὁ
3 μέγας τοῖς ἀνθρώποις λαλεῖν ἐν αὐτοῖς καὶ νοήσει καρδίας· ³ὃς
ἔκτισεν καὶ ἔδωκεν ἐλέγξασθαι ἐγρηγόρους τοὺς υἱοὺς τοῦ οὐρα-
4 νοῦ. ⁴Ἐγὼ τὴν ἐρώτησιν ὑμῶν τῶν ἀγγέλων ἔγραψα, καὶ
ἐν τῇ ὁράσει μου τοῦτο ἐδείχθη· καὶ οὔτε ἡ ἐρώτησις ὑμῶν παρε-
5 δέχθη, ⁵ἵνα μηκέτι εἰς τὸν οὐρανὸν ἀναβῆτε ἐπὶ πάντας τοὺς
αἰῶνας, καὶ ἐν τοῖς δεσμοῖς τῆς γῆς ἐρρέθη δῆσαι ὑμᾶς εἰς πάσας
6 τὰς γενεὰς τοῦ αἰῶνος, ⁶καὶ ἵνα περὶ τούτων ἴδητε τὴν ἀπώλειαν
τῶν υἱῶν ὑμῶν τῶν ἀγαπητῶν, καὶ ὅτι οὐκ ἔσται ὑμῖν ὄνησις
7 αὐτῶν, ἀλλὰ πεσοῦνται ἐνώπιον ὑμῶν ἐν μαχαίρᾳ. ⁷καὶ ἡ ἐρώ-
τησις ὑμῶν περὶ αὐτῶν οὐκ ἔσται οὐδὲ περὶ ὑμῶν· καὶ ὑμεῖς
κλαίοντες καὶ δεόμενοι καὶ μὴ λαλοῦντες πᾶν ῥῆμα ἀπὸ τῆς γρα-
8 φῆς ἧς ἔγραψα. ⁸Καὶ ἐμοὶ ἐφ᾽ ὁράσει οὕτως ἐδείχθη· ἰδοὺ
νεφέλαι ἐν τῇ ὁράσει ἐκάλουν καὶ ὁμίχλαι με ἐφώνουν, καὶ δια-
δρομαὶ τῶν ἀστέρων καὶ διαστραπαί με κατεσπούδαζον καὶ ἐθορύ-
9 βαζόν με, καὶ ἄνεμοι ἐν τῇ ὁράσει μου ἐξεπέτασάν με ⁹καὶ ἐπῆράν
με ἄνω καὶ εἰσήνεγκάν με εἰς τὸν οὐρανόν, καὶ εἰσῆλθον μέχρις
ἤγγισα τείχους οἰκοδομῆς ἐν λίθοις χαλάζης καὶ γλώσσης πυρὸς
10 κύκλῳ αὐτῶν· καὶ ἤρξαντο ἐκφοβεῖν με. ¹⁰Καὶ εἰσῆλθον
εἰς τὰς γλώσσας τοῦ πυρός, καὶ ἤγγισα εἰς οἶκον μέγαν οἰκοδομη-
μένον ἐν λίθοις χαλάζης, καὶ οἱ τοῖχοι τοῦ οἴκου ὡς λιθόπλακες,
11 καὶ πᾶσαι ἦσαν ἐκ χιόνος, καὶ ἐδάφη χιονικά, ¹¹καὶ αἱ στέγαι ὡς
διαδρομαὶ ἀστέρων καὶ ἀστραπαί, καὶ μεταξὺ αὐτῶν χερουβὶν πύρινα,
12 καὶ οὐρανὸς αὐτῶν ὕδωρ, ¹²καὶ πῦρ φλεγόμενον κύκλῳ τῶν τειχῶν, καὶ
13 θύραι πυρὶ καιόμεναι. ¹³εἰσῆλθον εἰς τὸν οἶκον ἐκεῖνον, θερμὸν ὡς

9 σενεβελσατα Ρ | την οψιν] ν 1° superscr Ρ¹   XIV 2 a] ων Ρ
3 ελεγξασθαι coniec Nestle] εκλεξασθαι Ρ

Ρ πῦρ καὶ ψυχρὸν ὡς χιών, καὶ πᾶσα τροφὴ ζωῆς οὐκ ἦν ἐν αὐτῷ· φόβος
με ἐκάλυψεν καὶ τρόμος με ἔλαβεν. ¹⁴καὶ ἤμην σειόμενος καὶ τρέ- 14
μων, καὶ ἔπεσον. ἐθεώρουν ἐν τῇ ὁράσει μου, ¹⁵καὶ ἰδοὺ ἄλλη θύρα 15
ἀνεῳγμένη κατέναντί μου, καὶ ὁ οἶκος μείζων τούτου, καὶ ὅλος οἰκοδο-
μημένος ἐν γλώσσαις πυρός, ¹⁶καὶ ὅλος διαφέρων ἐν δόξῃ καὶ ἐν τιμῇ 16
καὶ ἐν μεγαλοσύνῃ, ὥστε μὴ δύνασθαί με ἐξειπεῖν ὑμῖν περὶ τῆς
δόξης καὶ περὶ τῆς μεγαλοσύνης αὐτοῦ. ¹⁷τὸ ἔδαφος αὐτοῦ ἦν πυρός, 17
τὸ δὲ ἀνώτερον αὐτοῦ ἦσαν ἀστραπαὶ καὶ διαδρομαὶ ἀστέρων, καὶ ἡ
στέγη αὐτοῦ ἦν πῦρ φλέγον. ¹⁸Ἐθεώρουν δὲ καὶ εἶδον θρόνον 18
ὑψηλόν, καὶ τὸ εἶδος αὐτοῦ ὡσεὶ κρυστάλλινον, καὶ τροχὸς ὡς ἡλίου
λάμποντος καὶ ὅρος χερουβίν. ¹⁹καὶ ὑποκάτω τοῦ θρόνου ἐξεπορεύ- 19
οντο ποταμοὶ πυρὸς φλεγόμενοι, καὶ οὐκ ἐδυνάσθην ἰδεῖν. ²⁰καὶ ἡ 20
δόξα ἡ μεγάλη ἐκάθητο ἐπ᾽ αὐτῷ· τὸ περιβόλαιον αὐτοῦ ὡς εἶδος
ἡλίου, λαμπρότερον καὶ λευκότερον πάσης χιόνος. ²¹καὶ οὐκ ἐδύνατο 21
πᾶς ἄγγελος παρελθεῖν εἰς τὸν οἶκον τοῦτον καὶ ἰδεῖν τὸ πρόσωπον
αὐτοῦ διὰ τὸ ἔντιμον καὶ ἔνδοξον, καὶ οὐκ ἐδύνατο πᾶσα σὰρξ
ἰδεῖν αὐτοῦ ²²τὸ πῦρ φλεγόμενον κύκλῳ· καὶ πῦρ μέγα παριστήκει 22
αὐτῷ, καὶ οὐδεὶς ἐγγίζει αὐτῷ. κύκλῳ μυρίαι μυριάδες ἑστήκασιν
ἐνώπιον αὐτοῦ, καὶ πᾶς λόγος αὐτοῦ ἔργον. ²³καὶ οἱ ἅγιοι τῶν 23
ἀγγέλων οἱ ἐγγίζοντες αὐτῷ οὐκ ἀποχωροῦσιν νυκτὸς οὔτε ἀφίστανται
αὐτοῦ. ²⁴Κἀγὼ ἤμην ἕως τούτου ἐπὶ πρόσωπόν μου βεβλη- 24
μένος καὶ τρέμων, καὶ ὁ κύριος τῷ στόματι αὐτοῦ ἐκάλεσέν με καὶ
εἶπέν μοι Πρόσελθε ὧδε, Ἑνώχ, καὶ τὸν λόγον μου ἄκουσον. ²⁵καὶ 25
προσελθών μοι εἷς τῶν ἁγίων ἤγειρέν με καὶ ἔστησέν με, καὶ προσ-
ήγαγέν με μέχρι τῆς θύρας· ἐγὼ δὲ τὸ πρόσωπόν μου κάτω ἔκυφον.

¹Καὶ ἀποκριθεὶς εἶπέν μοι Ὁ ἄνθρωπος ὁ ἀληθινός, ἄνθρωπος 1 XV
τῆς ἀληθείας, ὁ γραμματεύς· καὶ τῆς φωνῆς αὐτοῦ ἤκουσα· μὴ φοβηθῇς,
Ἑνώχ, ἄνθρωπος ἀληθινὸς καὶ γραμματεὺς τῆς ἀληθείας· πρόσελθε
ὧδε, καὶ τῆς φωνῆς μου ἄκουσον. ²πορεύθητι καὶ εἰπὲ τοῖς πέμψασίν 2
σε Ἐρωτῆσαι ὑμᾶς ἔδει περὶ τῶν ἀνθρώπων, καὶ μὴ τοὺς ἀνθρώπους
περὶ ὑμῶν. ³διὰ τί ἀπελίπετε τὸν οὐρανὸν τὸν ὑψηλὸν τὸν ἅγιον τοῦ 3
αἰῶνος, καὶ μετὰ τῶν γυναικῶν ἐκοιμήθητε καὶ μετὰ τῶν θυγατέρων
τῶν ἀνθρώπων ἐμιάνθητε καὶ ἐλάβετε ἑαυτοῖς γυναῖκας; ὥσπερ υἱοὶ
τῆς γῆς ἐποιήσατε καὶ ἐγεννήσατε ἑαυτοῖς τέκνα, υἱοὺς γίγαντας. ⁴καὶ 4
ὑμεῖς ἦτε ἅγιοι καὶ πνεύματα ζῶντα αἰώνια· ἐν τῷ αἵματι τῶν γυναικῶν
ἐμιάνθητε, καὶ ἐν αἵματι σαρκὸς ἐγεννήσατε καὶ ἐν αἵματι ἀνθρώ-

πων ἐπεθυμήσατε, καθὼς καὶ αὐτοὶ ποιοῦσιν σάρκα καὶ αἷμα, οἵτινες P
5 ἀποθνήσκουσιν καὶ ἀπόλλυνται. ⁵διὰ τοῦτο ἔδωκα αὐτοῖς θηλείας,
ἵνα σπερματίζουσιν εἰς αὐτὰς καὶ τεκνώσουσιν ἐν αὐταῖς τέκνα
6 οὕτως, ἵνα μὴ ἐκλείπῃ αὐτοῖς πᾶν ἔργον ἐπὶ τῆς γῆς. ⁶ὑμεῖς δὲ
ὑπήρχετε πνεύματα ζῶντα αἰώνια καὶ οὐκ ἀποθνήσκοντα εἰς πάσας
7 τὰς γενεὰς τοῦ αἰῶνος. ⁷καὶ διὰ τοῦτο οὐκ ἐποίησα ἐν ὑμῖν θη-
λείας· τὰ πνεύματα τοῦ οὐρανοῦ, ἐν τῷ οὐρανῷ ἡ κατοίκησις αὐ-
8 τῶν. ⁸καὶ νῦν οἱ γίγαντες οἱ γεννηθέντες ἀπὸ τῶν πνευμάτων
καὶ σαρκὸς πνεύματα ἰσχυρὰ ἐπὶ τῆς γῆς, καὶ ἐν τῇ γῇ ἡ κατοί-
9 κησις αὐτῶν ἔσται. ⁹πνεύματα πονηρὰ ἐξῆλθον ἀπὸ τοῦ σώματος
αὐτῶν, διότι ἀπὸ τῶν ἀνωτέρων ἐγένοντο, καὶ ἐκ τῶν ἁγίων ἐγρη-
γόρων ἡ ἀρχὴ τῆς κτίσεως αὐτῶν καὶ ἀρχὴ θεμελίου· πνεύματα
10 πονηρὰ κληθήσεται. ¹⁰πνεύματα οὐρανοῦ, ἐν τῷ οὐρανῷ ἡ κατοί-
κησις αὐτῶν ἔσται· καὶ τὰ πνεύματα ἐπὶ τῆς γῆς τὰ γεννηθέντα,
11 ἐπὶ τῆς γῆς ἡ κατοίκησις αὐτῶν ἔσται. ¹¹καὶ τὰ πνεύματα τῶν
γιγάντων νεφέλας ἀδικοῦντα, ἀφανίζοντα καὶ ἐνπίπτοντα καὶ συν-
παλαίοντα καὶ συνρίπτοντα ἐπὶ τῆς γῆς, πνεύματα σκληρὰ γιγάν-
των, καὶ δρόμους ποιοῦντα καὶ μηδὲν ἐσθίοντα, ἀλλ᾽ ἀσιτοῦντα
12 καὶ διψῶντα καὶ προσκόπτοντα πνεύματα. ¹²καὶ ἐξαναστήσει
ταῦτα εἰς τοὺς υἱοὺς τῶν ἀνθρώπων καὶ τῶν γυναικῶν, ὅτι ἐξελη-
XVI 1 λύθασιν ἀπ᾽ αὐτῶν, ¹ἀπὸ ἡμέρας σφαγῆς καὶ ἀπωλείας καὶ θανάτου,
ἀφ᾽ ὧν τὰ πνεύματα ἐκπορευόμενα ἐκ τῆς ψυχῆς τῆς σαρκὸς αὐ-
τῶν ἔσται ἀφανίζοντα χωρὶς κρίσεως· οὕτως ἀφανίσουσιν μέχρις

XV 8   ⁸Καὶ νῦν οἱ γίγαντες οἱ γεννηθέντες ἀπὸ πνευμάτων καὶ σαρκὸς πνεύματα Sync.
πονηρὰ ἐπὶ τῆς γῆς καλέσουσιν αὐτούς, ὅτι ἡ κατοίκησις αὐτῶν ἔσται ἐπὶ τῆς
9 γῆς. ⁹πνεύματα πονηρὰ ἔσονται, τὰ πνεύματα ἐξεληλυθότα ἀπὸ τοῦ
σώματος τῆς σαρκὸς αὐτῶν, διότι ἀπὸ τῶν ἀνθρώπων ἐγένοντο, καὶ ἐκ τῶν
ἁγίων τῶν ἐγρηγόρων ἡ ἀρχὴ τῆς κτίσεως αὐτῶν καὶ ἀρχὴ θεμελίου· πνεύ-
¹⁰
11 ματα πονηρὰ ¹⁰ἐπὶ τῆς γῆς ἔσονται. ¹¹τὰ πνεύματα τῶν γιγάντων νεμόμενα,
ἀδικοῦντα, ἀφανίζοντα, ἐμπίπτοντα καὶ συμπαλαίοντα καὶ ῥιπτοῦντα ἐπὶ
12 τῆς γῆς καὶ δρόμους ποιοῦντα, καὶ μηδὲν ἐσθίοντα, ἀλλ᾽ ἀσιτοῦντα καὶ
φάσματα ποιοῦντα καὶ διψῶντα καὶ προσκόπτοντα. ¹²καὶ ἐξαναστήσονται
τὰ πνεύματα ἐπὶ τοὺς υἱοὺς τῶν ἀνθρώπων καὶ τῶν γυναικῶν, ὅτι ἐξ αὐτῶν
XVI 1 ἐξεληλύθασι, ¹καὶ ἀπὸ ἡμέρας καιροῦ σφαγῆς καὶ ἀπωλείας καὶ θανάτου
τῶν γιγάντων ναφηλείμ, οἱ ἰσχυροὶ τῆς γῆς, οἱ μεγάλοι ὀνομαστοί, τὰ
πνεύματα τὰ ἐκπορευόμενα ἀπὸ τῆς ψυχῆς αὐτῶν, ὡς ἐκ τῆς σαρκὸς ἔσονται,
ἀφανίζοντα χωρὶς κρίσεως· οὕτως ἀφανίσουσι μέχρις ἡμέρας τῆς τελειώσεως,

---

5 αυτοις] αυταις P | εκλειπει P   8—9 om επι της γης (1°)...πονηρα 2°
Syncᵍ   8 και νυν οι γιγ.] pr και μεθ ετερα Sync   9 της κτισ.] om της
Syncᵍ   11 τα πνευματα] τα πρωτα Syncᵍ | ριπτοντα Syncᵍ | εσθειον P |
και διψ.] om και Syncᵍ   XVI 1 ναφιλειμ Syncᵍ | οι ισχ.] και ισχ. Syncᵍ

P ἡμέρας τελειώσεως, τῆς κρίσεως τῆς μεγάλης, ἐν ᾗ ὁ αἰὼν ὁ μέγας τελεσθήσεται. ²Καὶ νῦν ἐγρηγόροις τοῖς πέμψασίν σε ἐρω- 2 τῆσαι περὶ αὐτῶν, οἵτινες ἐν οὐρανῷ ἦσαν ³Ὑμεῖς ἐν τῷ οὐρανῷ 3 ἦτε, καὶ πᾶν μυστήριον ὃ οὐκ ἀνεκαλύφθη ὑμῖν καὶ μυστήριον τὸ ἐκ τοῦ θεοῦ γεγενημένον ἔγνωτε, καὶ τοῦτο ἐμηνύσατε ταῖς γυναιξὶν ἐν ταῖς σκληροκαρδίαις ὑμῶν, καὶ ἐν τῷ μυστηρίῳ τούτῳ πληθύν- ουσιν αἱ θήλειαι καὶ οἱ ἄνθρωποι τὰ κακὰ ἐπὶ τῆς γῆς. ⁴εἶπὸν οὖν 4 αὐτοῖς Οὐκ ἔστιν εἰρήνη.

¹Καὶ παραλαβόντες με εἴς τινα τόπον ἀπήγαγον, ἐν ᾧ οἱ ὄντες 1 XVI ἐκεῖ γίνονται ὡς πῦρ φλέγον καί, ὅταν θέλωσιν, φαίνονται ὡσεὶ ἄνθρωποι. ²Καὶ ἀπήγαγόν με εἰς ζοφώδη τόπον καὶ εἰς 2 ὄρος οὗ ἡ κεφαλὴ ἀφικνεῖτο εἰς τὸν οὐρανόν. ³καὶ εἶδον τόπον 3 τῶν φωστήρων καὶ τοὺς θησαυροὺς τῶν ἀστέρων καὶ τῶν βροντῶν, καὶ εἰς τὰ ἀεροβαθῆ, ὅπου τόξον πυρὸς καὶ τὰ βέλη καὶ αἱ θῆκαι αὐτῶν καὶ αἱ ἀστραπαὶ πᾶσαι. ⁴Καὶ ἀπήγαγόν με μέχρι 4 ὑδάτων ζώντων καὶ μέχρι πυρὸς δύσεως, ὅ ἐστιν καὶ παρέχον πάσας τὰς δύσεις τοῦ ἡλίου. ⁵καὶ ἤλθομεν μέχρι ποταμοῦ πυρός, 5 ἐν ᾧ κατατρέχει τὸ πῦρ ὡς ὕδωρ καὶ ῥέει εἰς θάλασσαν μεγάλην δύσεως. ⁶ἴδον τοὺς μεγάλους ποταμούς, καὶ μέχρι τοῦ μεγάλου 6 ποταμοῦ καὶ μέχρι τοῦ μεγάλου σκότους κατήντησα, καὶ ἀπῆλθον ὅπου πᾶσα σάρξ οὐ περιπατεῖ. ⁷ἴδον τοὺς ἀνέμους τῶν γνόφων τοὺς 7 χειμερινοὺς καὶ τὴν ἔκχυσιν τῆς ἀβύσσου πάντων ὑδάτων. ⁸ἴδον 8 τὸ στόμα τῆς γῆς πάντων τῶν ποταμῶν καὶ τὸ στόμα τῆς ἀβύσ- σου. ¹ἴδον τοὺς θησαυροὺς τῶν ἀνέμων πάντων, ἴδον ὅτι ἐν 1 XVIII αὐτοῖς ἐκόσμησεν πάσας τὰς κτίσεις καὶ τὸν θεμέλιον τῆς γῆς, ²καὶ τὸν λίθον ἴδον τῆς γωνίας τῆς γῆς. ἴδον τοὺς τέσσαρας 2 ἀνέμους τὴν γῆν βαστάζοντας, καὶ τὸ στερέωμα τοῦ οὐρανοῦ, ³καὶ 3 αὐτοὶ ἱστᾶσιν μεταξὺ γῆς καὶ οὐρανοῦ. ⁴ἴδον ἀνέμους τῶν οὐ- 4 ρανῶν στρέφοντας καὶ διανύοντας τὸν τροχὸν τοῦ ἡλίου, καὶ πάντας τοὺς ἀστέρας. ⁵ἴδον τοὺς ἐπὶ τῆς γῆς ἀνέμους βαστά- 5 ζοντας ἐν νεφέλῃ. ἴδον πέρατα τῆς γῆς, τὸ στήριγμα τοῦ οὐρανοῦ ἐπάνω. ⁶Παρῆλθον καὶ ἴδον τόπον καιόμενον νυκτὸς καὶ 6

Sync. ἕως τῆς κρίσεως τῆς μεγάλης, ἐν ᾗ ὁ αἰὼν ὁ μέγας τελεσθήσεται· ἐφ' ἅπαξ ὁμοῦ τελεσθήσεται.

XVI 1 η] ω Syncᵍ   XVII 3 τας θηκας P | τας αστραπας πασας P
6 ποταμου P   XVIII 4 διανευοντας P

ἡμέρας, ὅπου τὰ ἑπτὰ ὅρη ἀπὸ λίθων πολυτελῶν, τρία εἰς ἀνατολὰς P
7 καὶ τρία εἰς νότον βάλλοντα. ⁷καὶ τὰ μὲν πρὸς ἀνατολὰς ἀπὸ λίθου
χρώματος, τὸ δὲ ἦν ἀπὸ λίθου μαργαρίτου, καὶ τὸ ἀπὸ λίθου ταθέν,
8 τὸ δὲ κατὰ νότον ἀπὸ λίθου πυρροῦ· ⁸τὸ δὲ μέσον αὐτῶν ἦν εἰς
οὐρανόν, ὥσπερ θρόνος θεοῦ ἀπὸ λίθου φουκά, καὶ ἡ κορυφὴ τοῦ
9 θρόνου ἀπὸ λίθου σαπφείρου· ⁹καὶ πῦρ καιόμενον ἶδον. κἀπέκεινα
10 τῶν ὀρέων τούτων ¹⁰τόπος ἐστὶν πέρας τῆς μεγάλης γῆς· ἐκεῖ συντε-
11 λεσθήσονται οἱ οὐρανοί. ¹¹καὶ ἶδον χάσμα μέγα εἰς τοὺς στύλους τοῦ
πυρὸς καταβαίνοντας καὶ οὐκ ἦν μέτρον οὔτε εἰς βάθος οὔτε εἰς ὕψος.
12 ¹²καὶ ἐπέκεινα τοῦ χάσματος τούτου ἶδον τόπον ὅπου οὐδὲ στε-
ρέωμα οὐρανοῦ ἐπάνω, οὔτε γῆ ἡ τεθεμελιωμένη ὑποκάτω αὐτοῦ
οὔτε ὕδωρ ἦν ὑπὸ αὐτὸ οὔτε πετεινόν, ἀλλὰ τόπος ἦν ἔρημος καὶ
13 φοβερός. ¹³ἐκεῖ ἶδον ἑπτὰ ἀστέρας ὡς ὅρη μεγάλα καιόμενα, περὶ
14 ὧν πυνθανομένῳ μοι ¹⁴εἶπεν ὁ ἄγγελος Οὗτός ἐστιν ὁ τόπος τὸ
τέλος τοῦ οὐρανοῦ καὶ γῆς· δεσμωτήριον τοῦτο ἐγένετο τοῖς ἄστροις
15 καὶ ταῖς δυνάμεσιν τοῦ οὐρανοῦ. ¹⁵καὶ οἱ ἀστέρες οἱ κυλιόμενοι ἐν
τῷ πυρί, οὗτοί εἰσιν οἱ παραβάντες πρόσταγμα Κυρίου ἐν ἀρχῇ
τῆς ἀνατολῆς αὐτῶν (ὅτι τόπος ἔξω τοῦ οὐρανοῦ κενός ἐστιν), ὅτι
16 οὐκ ἐξῆλθαν ἐν τοῖς καιροῖς αὐτῶν· ¹⁶καὶ ὀργίσθη αὐτοῖς καὶ ἔδησεν
αὐτοὺς μέχρι καιροῦ τελειώσεως αὐτῶν ἁμαρτίας, ἐνιαυτῶν μυρίων.
XIX 1 ¹καὶ εἶπέν μοι Οὐριήλ Ἐνθάδε οἱ μιγέντες ἄγγελοι ταῖς γυναιξὶν
στήσονται, καὶ τὰ πνεύματα αὐτῶν πολύμορφα γενόμενα λυμαίνεται
τοὺς ἀνθρώπους καὶ πλανήσει αὐτοὺς ἐπιθύειν τοῖς δαιμονίοις μέχρι
2 τῆς μεγάλης κρίσεως, ἐν ᾗ κριθήσονται εἰς ἀποτελείωσιν. ²καὶ αἱ
γυναῖκες αὐτῶν τῶν παραβάντων ἀγγέλων εἰς σειρῆνας γενήσονται.
3 ³κἀγὼ Ἐνὼχ ἶδον τὰ θεωρήματα μόνος, τὰ πέρατα πάντων, καὶ οὐ
μὴ ἴδη οὐδὲ εἷς ἀνθρώπων ὡς ἐγὼ ἶδον.
XX 1 ¹Ἄγγελοι τῶν δυνάμεων. ²Οὐριήλ, ὁ εἷς τῶν ἁγίων ἀγγέλων
2 ὁ ἐπὶ τοῦ κόσμου καὶ τοῦ ταρτάρου. ³Ῥαφαήλ, ὁ εἷς τῶν ἁγίων
3
4 ἀγγέλων ὁ ἐπὶ τῶν πνευμάτων τῶν ἀνθρώπων. ⁴Ῥαγουήλ, ὁ
εἷς τῶν ἁγίων ἀγγέλων ὁ ἐκδικῶν τὸν κόσμον τῶν φωστήρων.
5 ⁵Μιχαήλ, ὁ εἷς τῶν ἁγίων ἀγγέλων ὁ ἐπὶ τῶν τοῦ λαοῦ ἀγαθῶν

XIX 3 * * * ἀνθρώπων ὡς ἐγὼ εἶδον. P₁
XX 2 * * * ²ὁ εἷς τῶν ἁγίων ἀγγέλων ὁ ἐπὶ τοῦ κόσμου καὶ τοῦ ταρτάρου.
3 ³Ῥαφαὴλ ὁ εἷς τῶν ἁγίων ἀγγέλων ὁ ἐπὶ τῶν πνευμάτων τῶν ἀνθρώπων.
4 ⁴Ῥαγουὴλ ὁ εἷς τῶν ἁγίων ἀγγέλων ὁ ἐκδικῶν τὸν κόσμον τῶν φωστήρων.
5 ⁵Μιχαήλ, ὁ εἷς τῶν ἁγίων ἀγγέλων ὃς ἐπὶ τῶν τοῦ λαοῦ ἀγαθῶν τέτακται

6 om τρια 1° P | τρια 2°] τρις P | βαλλοντας P   9 κακεινα P
12 γην την τεθεμελιωμενην P   16 αμαρτιας]+αυτων P   XX 4 εκδεικων
P εκεκων (? εκΔικων pro εκΔικων) P₁

P τεταγμένος καὶ ἐπὶ τῷ χάῳ. ⁶Σαριήλ, ὁ εἷς τῶν ἁγίων ἀγγέλων ὁ 6
ἐπὶ τῶν πνευμάτων οἵτινες ἐπὶ τῷ πνεύματι ἁμαρτάνουσιν. ⁷Γα- 7
βριήλ, ὁ εἷς τῶν ἁγίων ἀγγέλων ὁ ἐπὶ τοῦ παραδείσου καὶ τῶν
δρακόντων καὶ χερουβείν. ἀρχαγγέλων ὀνόματα ἑπτά.

¹Καὶ ἐφώδευσα ἕως τῆς ἀκατασκευάστου. ²κἀκεῖ ἐθεασάμην ἔργον ¹⁄₂ XXI
φοβερόν· ἑώρακα οὔτε οὐρανὸν ἐπάνω, οὔτε γῆν τεθέαμαι τεθεμε-
λιωμένην, ἀλλὰ τόπον ἀκατασκεύαστον καὶ φοβερόν. ³καὶ ἐκεῖ 3
τεθέαμαι ἑπτὰ τῶν ἀστέρων τοῦ οὐρανοῦ δεδεμένους καὶ ἐριμμένους
ἐν αὐτῷ, ὁμοίους ὄρεσιν μεγάλοις καὶ ἐν πυρὶ καιομένους. ⁴τότε 4
εἶπον Διὰ ποίαν αἰτίαν ἐπεδέθησαν, καὶ διὰ τί ὧδε ἐρίφησαν;
⁵τότε εἶπέν μοι Οὐριήλ, ὁ εἷς τῶν ἁγίων ἀγγέλων ὃς μετ᾽ ἐμοῦ 5
ἦν (καὶ αὐτὸς ἡγεῖτο αὐτῶν), καὶ εἶπέν μοι Ἐνώχ, περὶ τίνος ἐρωτᾷς,
ἢ περὶ τίνος τὴν ἀλήθειαν φιλοσπευδεῖς; ⁶οὗτοί εἰσιν τῶν ἀστέρων 6
τοῦ οὐρανοῦ οἱ παραβάντες τὴν ἐπιταγὴν τοῦ κυρίου, καὶ ἐδέθησαν
ὧδε μέχρι τοῦ πληρῶσαι μύρια ἔτη, τὸν χρόνον τῶν ἁμαρτημάτων
αὐτῶν.

⁷Κἀκεῖθεν ἐφώδευσα εἰς ἄλλον τόπον τούτου φοβερώτερον, καὶ 7
τεθέαμαι ἔργα φοβερώτερα, πῦρ μέγα ἐκεῖ καιόμενον καὶ φλε-
γόμενον, καὶ διακοπὴν εἶχεν ὁ τόπος ἕως τῆς ἀβύσσου, πλήρης
στύλων πυρὸς μεγάλου καταφερομένων· οὔτε μέτρον οὔτε πλάτος

P₁ καὶ ἐπὶ τῷ λαῷ. ⁶Σαριήλ, ὁ εἷς τῶν ἁγίων ἀγγέλων ὁ ἐπὶ τῶν πνευμάτων 6
οἵτινες ἐπὶ τῷ πνεύματι ἁμαρτάνουσιν. ⁷Γαβριήλ, ὁ εἷς τῶν ἁγίων ἀγγέλων 7
ὁ ἐπὶ τοῦ παραδείσου καὶ τῶν δρακόντων καὶ χερουβίν. Ῥεμειήλ, ὁ εἷς τῶν
ἁγίων ἀγγέλων ὃν ἔταξεν ὁ θεὸς ἐπὶ τῶν ἀνισταμένων. ὀνόματα ζ᾽ ἀρχαγ-
γέλων.

¹Καὶ ἐφώδευσα μέχρι τῆς ἀκατασκευάστου. ²καὶ ἐκεῖ ἐθεασάμην ἔργον ¹ XXI
φοβερόν· ἑώρακα οὔτε οὐρανὸν ἐπάνω οὔτε γῆν τεθεμελιωμένην, ἀλλὰ τόπον ²
ἀκατασκεύαστον καὶ φοβερόν. ³καὶ ἐκεῖ τεθέαμαι ζ᾽ ἀστέρας τοῦ οὐρανοῦ 3
δεδεμένους καὶ ἐριμμένους ἐν αὐτῷ ὁμοῦ, ὁμοίους ὁράσει μεγάλῃ καὶ ἐν
πυρὶ καιομένους. ⁴τότε εἶπον Διὰ ποίαν αἰτίαν ἐπεδέθησαν, καὶ διὰ ποίαν 4
αἰτίαν ἐρίφησαν ὧδε; ⁵καὶ εἶπέν μοι Οὐριήλ, ὁ εἷς τῶν ἁγίων ἀγγέλων ὁ 5
μετ᾽ ἐμοῦ ὤν (καὶ αὐτὸς αὐτῶν ἡγεῖτο), καὶ εἶπέν μοι Ἐνώχ, περὶ τίνος ἐρωτᾷς,
ἢ περὶ τίνος τὴν ἀλήθειαν φιλοσπευδεῖς; ⁶οὗτοί εἰσιν τῶν ἀστέρων τοῦ 6
οὐρανοῦ οἱ παραβάντες τὴν ἐπιταγὴν τοῦ κυρίου, καὶ ἐδέθησαν ὧδε μέχρι
πληρωθῆναι μύρια ἔτη, τὸν χρόνον τῶν ἁμαρτημάτων αὐτῶν.
⁷Κἀκεῖθεν ἐφώδευσα εἰς ἄλλον τόπον τούτου φοβερώτερον, καὶ τεθέαμαι 7
ἔργα φοβερά· πῦρ μέγα ἐκεῖ καιόμενον καὶ φλεγόμενον, καὶ διακοπὴν εἶχεν ὁ
τόπος ἕως τῆς ἀβύσσου, πλήρης στύλων πυρὸς μεγάλων καταφερομένων· οὔτε

XX 7 χερουβει P   XXI 3 ορεσιν coniec Charles] ορασιν P

8 ἠδυνήθην ἰδεῖν οὐδὲ εἰκάσαι. ⁸τότε εἶπον ʽΩς φοβερὸς ὁ τόπος καὶ P
9 ὡς δεινὸς τῇ ὁράσει. ⁹τότε ἀπεκρίθη μοι ὁ εἷς τῶν ἁγίων ἀγγέλων
ὃς μετ᾽ ἐμοῦ ἦν, καὶ εἶπέν μοι ʽΕνώχ, διὰ τί ἐφοβήθης οὕτως καὶ
ἐπτοήθης; καὶ ἀπεκρίθην Περὶ τούτου τοῦ φοβεροῦ καὶ περὶ τῆς
10 προσόψεως τῆς δεινῆς. ¹⁰καὶ εἶπεν Οὗτος ὁ τόπος δεσμωτήριον
ἀγγέλων· ὧδε συνσχεθήσονται μέχρι αἰῶνος εἰς τὸν αἰῶνα.

XXII 1 ¹Κἀκεῖθεν ἐφόδευσα εἰς ἄλλον τόπον, καὶ ἔδειξέν μοι πρὸς
2 δυσμὰς ἄλλο ὄρος μέγα καὶ ὑψηλόν, πέτρας στερεάς. ²καὶ τέσ-
σαρες τόποι ἐν αὐτῷ κοῖλοι, βάθος ἔχοντες καὶ λίαν λεῖοι, τρεῖς
αὐτῶν σκοτινοὶ καὶ εἷς φωτινός, καὶ πηγὴ ὕδατος ἀνὰ μέσον αὐτοῦ.
καὶ εἶπον Πῶς λεῖα τὰ κοιλώματα ταῦτα καὶ ὁλοβαθῆ καὶ σκοτινὰ
3 τῇ ὁράσει. ³τότε ἀπεκρίθη ʽΡαφαήλ, ὁ εἷς τῶν ἁγίων ἀγγέλων ὃς
μετ᾽ ἐμοῦ ἦν, καὶ εἶπέν μοι Οὗτοι οἱ τόποι οἱ κοῖλοι, ἵνα ἐπισυνά-
γωνται εἰς αὐτοὺς τὰ πνεύματα τῶν ψυχῶν τῶν νεκρῶν. εἰς αὐτὸ
τοῦτο ἐκρίθησαν, ὧδε ἐπισυνάγεσθαι πάσας τὰς ψυχὰς τῶν ἀνθρώ-
4 πων. ⁴καὶ οὗτοι οἱ τόποι εἰς ἐπισύνσχεσιν αὐτῶν ἐποίησαν μέχρι
τῆς ἡμέρας τῆς κρίσεως αὐτῶν καὶ μέχρι τοῦ διορισμοῦ καὶ διορισμέ-
5 νου χρόνου, ἐν ᾧ ἡ κρίσις ἡ μεγάλη ἔσται ἐν αὐτοῖς. ⁵Τε-
θέαμαι ἀνθρώπους νεκροὺς ἐντυγχάνοντας, καὶ ἡ φωνὴ αὐτοῦ μέχρι
6 τοῦ οὐρανοῦ προέβαινεν καὶ ἐνετύγχανεν. ⁶καὶ ἠρώτησα ʽΡαφαὴλ
τὸν ἄγγελον ὃς μετ᾽ ἐμοῦ ἦν, καὶ εἶπα αὐτῷ Τοῦτο τὸ πνεῦμα
τὸ ἐντυγχάνον τίνος ἐστίν, δι᾽ ὃ οὕτως ἡ φωνὴ αὐτοῦ προβαίνει
7 καὶ ἐντυγχάνει ἕως τοῦ οὐρανοῦ; ⁷καὶ ἀπεκρίθη μοι λέγων Τοῦτο
τὸ πνεῦμά ἐστιν τὸ ἐξελθὸν ἀπὸ ῎Αβελ ὃν ἐφόνευσε Κάειν ὁ
ἀδελφός, καὶ ῎Αβελ ἐντυγχάνει περὶ αὐτοῦ μέχρι τοῦ ἀπολέσαι τὸ
σπέρμα αὐτοῦ ἀπὸ προσώπου τῆς γῆς, καὶ ἀπὸ τοῦ σπέρματος
8 τῶν ἀνθρώπων ἀφανίσθη τὸ σπέρμα αὐτοῦ. ⁸Τότε ἠρώτησα
περὶ τῶν κυκλωμάτων πάντων, διὰ τί ἐχωρίσθησαν ἓν ἀπὸ τοῦ
9 ἑνός. ⁹καὶ ἀπεκρίθη μοι λέγων Οὗτοι οἱ τρεῖς ἐποιήθησαν χωρί-
ζεσθαι τὰ πνεύματα τῶν νεκρῶν· καὶ οὕτως ἐχωρίσθη εἰς τὰ πνεύ-
10 ματα τῶν δικαίων, οὗ ἡ πηγὴ τοῦ ὕδατος ἐν αὐτῷ φωτινή· ¹⁰καὶ
οὕτως ἐκτίσθη τῶν ἁμαρτωλῶν, ὅταν ἀποθάνωσιν καὶ ταφῶσιν εἰς
11 τὴν γῆν, καὶ κρίσις οὐκ ἐγενήθη ἐπ᾽ αὐτῶν ἐν τῇ ζωῇ αὐτῶν, ¹¹ὧδε
χωρίζεσθαι τὰ πνεύματα αὐτῶν εἰς τὴν μεγάλην βάσανον ταύ-

---

8 μέτρον οὔτε μέγεθος ἠδυνήθην ἰδεῖν οὔτε εἰκάσαι. ⁸τότε εἶπον ʽΩς φοβερὸς P₁
9 ὁ τόπος οὗτος καὶ ὡς δεινὸς τῇ ὁράσει. ⁹τότε ἀπεκρίθη μοι καὶ εἶπεν * *

XXI 10 αιωνος] ενος P   XXII 5 εντυγχανοντος P   6 ηρωτησεν P
8 εν απο του ενος (coniec Lods)] ην απο του αιωνος P   9 χωρισθη P
11 χωρειζεται P

P την, μέχρι τῆς μεγάλης ἡμέρας τῆς κρίσεως, τῶν μαστίγων καὶ
τῶν βασάνων τῶν κατηραμένων· μέχρι αἰῶνος ἦν ἀνταπόδοσις
τῶν πνευμάτων· ἐκεῖ δήσει αὐτοὺς μέχρις αἰῶνος. ¹²καὶ οὕτως 12
ἐχωρίσθη τοῖς πνεύμασιν τῶν ἐντυγχανόντων, οἵτινες ἐνφανίζουσιν
περὶ τῆς ἀπωλείας, ὅταν φονευθῶσιν ἐν ταῖς ἡμέραις τῶν ἁμαρ-
τωλῶν. ¹³καὶ οὕτως ἐκτίσθη τοῖς πνεύμασιν τῶν ἀνθρώπων, ὅσοι 13
οὐκ ἔσονται ὅσιοι ἀλλὰ ἁμαρτωλοί, ὅσοι ἀσεβεῖς, καὶ μετὰ τῶν
ἀνόμων ἔσονται μέτοχοι. τὰ δὲ πνεύματα, ὅτι οἱ ἐνθάδε θλιβέντες
ἔλαττον κολάζονται αὐτῶν, οὐ τιμωρηθήσονται ἐν ἡμέρᾳ τῆς κρίσεως,
οὐδὲ μὴ μετεγερθῶσιν ἐντεῦθεν. ¹⁴Τότε ηὐλόγησα τὸν κύριον 14
τῆς δόξης, καὶ εἶπα Εὐλογητὸς εἶ, Κύριε ὁ τῆς δικαιοσύνης, κυριεύων
τοῦ αἰῶνος.

¹Κἀκεῖθεν ἐφώδευσα εἰς ἄλλον τόπον πρὸς δυσμὰς τῶν περά- 1 XXIII
των τῆς γῆς. ²καὶ ἐθεασάμην πῦρ διατρέχον καὶ οὐκ ἀναπαυό- 2
μενον οὐδὲ ἐνλεῖπον τοῦ δρόμου, ἡμέρας καὶ νυκτὸς ἅμα διαμένον.
³καὶ ἠρώτησα λέγων Τί ἐστιν τὸ μὴ ἔχον ἀνάπαυσιν; ⁴τότε ἀπεκρίθη ³₄
μοι Ῥαγουήλ, ὁ εἷς τῶν ἁγίων ἀγγέλων ὃς μετ' ἐμοῦ ἦν Οὗτος ὁ
δρόμος τοῦ πυρὸς τὸ πρὸς δυσμὰς πῦρ τὸ ἐκδιῶκόν ἐστιν πάντας
τοὺς φωστῆρας τοῦ οὐρανοῦ. ¹Καὶ ἔδειξέν μοι ὄρη πυρὸς 1 XXIV
καιόμενα νυκτός. ²καὶ ἐπέκεινα αὐτῶν ἐπορεύθην καὶ ἐθεασάμην 2
ἑπτὰ ὄρη, ἔνδοξα πάντα, ἑκάτερα τοῦ ἑκατέρου διαλλάσσοντα, ὧν οἱ
λίθοι ἔντιμοι τῇ καλλονῇ, καὶ πάντα ἔντιμα καὶ ἔνδοξα καὶ εὐειδῆ,
τρία ἐπ' ἀνατολὰς ἐστηριγμένα ἐν τῷ ἑνί, καὶ τρία ἐπὶ νότον ἐν
τῷ ἑνί. καὶ φάραγγες βαθεῖαι καὶ τραχεῖαι, μία τῇ μιᾷ οὐκ ἐγγίζου-
σαι, ³καὶ τῷ ὄρει ἕβδομον ὄρος ἀνὰ μέσον τούτων, καὶ ὑπερεῖχεν τῷ 3
ὕψει, ὅμοιον καθέδρᾳ θρόνου, καὶ περιεκύκλου δένδρα αὐτῷ εὐειδῆ.
⁴καὶ ἦν ἐν αὐτοῖς δένδρον ὃ οὐδέποτε ὤσφρανμαι καὶ οὐδεὶς ἕτερος 4
αὐτῷ ηὐφράνθη, καὶ οὐδὲν ἕτερον ὅμοιον αὐτῷ· ὀσμὴν εἶχεν εὐω-
δεστέραν πάντων ἀρωμάτων, καὶ τὰ φύλλα αὐτοῦ καὶ τὸ ἄνθος καὶ
τὸ δένδρον οὐ φθίνει εἰς τὸν αἰῶνα· οἱ δὲ περὶ τὸν καρπὸν ὡσεὶ
βότρυες φοινίκων. ⁵τότε εἶπον Ὡς καλὸν τὸ δένδρον τοῦτό 5
ἐστιν καὶ εὔωδες, καὶ ὡραῖα τὰ φύλλα, καὶ τὰ ἄνθη αὐτοῦ ὡραῖα
τῇ ὁράσει. ⁶τότε ἀπεκρίθη μοι Μιχαήλ, εἷς τῶν ἁγίων ἀγγέλων 6
ὃς μετ' ἐμοῦ ἦν (καὶ αὐτὸς αὐτῶν ἡγεῖτο), ¹καὶ εἶπέν μοι Ἐνώχ, 1 XXV
τί ἐρωτᾷς καὶ τί ἐθαύμασας ἐν τῇ ὀσμῇ τοῦ δένδρου, καὶ διὰ τί
θέλεις τὴν ἀλήθειαν μαθεῖν; ²τότε ἀπεκρίθην αὐτῷ Περὶ πάντων 2
εἰδέναι θέλω, μάλιστα δὲ περὶ τοῦ δένδρου τούτου σφόδρα. ³καὶ 3
ἀπεκρίθη λέγων Τοῦτο τὸ ὄρος τὸ ὑψηλόν, οὗ ἡ κορυφὴ ὁμοία

θρόνου θεοῦ, καθέδρα ἐστὶν οὗ καθίζει ὁ μέγας κύριος, ὁ ἅγιος τῆς P
δόξης, ὁ βασιλεὺς τοῦ αἰῶνος, ὅταν καταβῇ ἐπισκέψασθαι τὴν γῆν
4 ἐπ' ἀγαθῷ. ⁴καὶ τοῦτο τὸ δένδρον εὐωδίας, καὶ οὐδεμία σὰρξ ἐξ-
ουσίαν ἔχει ἅψασθαι αὐτοῦ μέχρι τῆς μεγάλης κρίσεως, ἐν ᾗ ἐκδί-
κησις πάντων καὶ τελείωσις μέχρις αἰῶνος· τότε δικαίοις καὶ ὁσίοις
5 δοθήσεται ⁵ὁ καρπὸς αὐτοῦ τοῖς ἐκλεκτοῖς εἰς ζωὴν εἰς βοράν, καὶ
μεταφυτευθήσεται ἐν τόπῳ ἁγίῳ παρὰ τὸν οἶκον τοῦ θεοῦ βασιλέως
6 τοῦ αἰῶνος. ⁶τότε εὐφρανθήσονται εὐφραινόμενοι καὶ χαρήσονται
καὶ εἰς τὸ ἅγιον εἰσελεύσονται· αἱ ὀσμαὶ αὐτοῦ ἐν τοῖς ὀστέοις αὐ-
τῶν, καὶ ζωὴν πλείονα ζήσονται ἐπὶ γῆς ἣν ἔζησαν οἱ πατέρες
σου, καὶ ἐν ταῖς ἡμέραις αὐτῶν καὶ βάσανοι καὶ πληγαὶ καὶ μάστιγες
7 οὐχ ἅψονται αὐτῶν.   ⁷Τότε ηὐλόγησα τὸν θεὸν τῆς δόξης,
τὸν βασιλέα τοῦ αἰῶνος, ὃς ἡτοίμασεν ἀνθρώποις τὰ τοιαῦτα δικαίοις,
καὶ αὐτὰ ἔκτισεν καὶ εἶπεν δοῦναι αὐτοῖς.

XXVI 1   ¹Καὶ ἐκεῖθεν ἐφώδευσα εἰς τὸ μέσον τῆς γῆς, καὶ ἴδον τόπον
ηὐλογημένον, ἐν ᾧ δένδρα ἔχοντα παραφυάδας μενούσας καὶ βλα-
2 στούσας τοῦ δένδρου ἐκκοπέντος. ²κἀκεῖ τεθέαμαι ὄρος ἅγιον· ὑπο-
κάτω τοῦ ὄρους ὕδωρ ἐξ ἀνατολῶν, καὶ τὴν δύσιν εἶχεν πρὸς νότον.
3 ³καὶ ἴδον πρὸς ἀνατολὰς ἄλλο ὄρος ὑψηλότερον τούτου, καὶ ἀνὰ
μέσον αὐτοῦ φάραγγα βαθεῖαν, οὐκ ἔχουσαν πλάτος, καὶ δι' αὐτῆς
4 ὕδωρ πορεύεται ὑποκάτω ὑπὸ τὸ ὄρος. ⁴καὶ πρὸς δυσμὰς τούτου
ἄλλο ὄρος ταπεινότερον αὐτοῦ καὶ οὐκ ἔχον ὕψος, καὶ φάραγγα
βαθεῖαν καὶ ξηρὰν ἀνὰ μέσον αὐτῶν, καὶ ἄλλην φάραγγα βαθεῖαν
5 καὶ ξηρὰν ἐπ' ἄκρων τῶν τριῶν ὀρέων. ⁵καὶ πόσαι φάραγγές εἰσιν
βαθεῖαι ἐκ πέτρας στερεᾶς, καὶ δένδρον οὐκ ἐφυτεύετο ἐπ' αὐτάς.

XXVII 1 ⁶ ⁶καὶ ἐθαύμασα περὶ τῆς φάραγγος, καὶ λίαν ἐθαύμασα. ¹καὶ εἶπον
Διὰ τί ἡ γῆ αὕτη ἡ εὐλογημένη καὶ πᾶσα πλήρης δένδρων, αὐτὴ
2 δὲ ἡ φάραγξ κεκατηραμένη ἐστίν; ²γῆ κατάρατος τοῖς κεκαταρα-
μένοις ἐστὶν μέχρι αἰῶνος. ὧδε ἐπισυναχθήσονται πάντες οἱ κεκατη-
ραμένοι οἵτινες ἐροῦσίν τῷ στόματι αὐτῶν κατὰ Κυρίου φωνὴν
ἀπρεπῆ, καὶ περὶ τῆς δόξης αὐτοῦ σκληρὰ λαλήσουσιν. ὧδε ἐπι-
3 συναχθήσονται, καὶ ὧδε ἔσται τὸ οἰκητήριον. ³ἐπ' ἐσχάτοις αἰῶσιν,
ἐν ταῖς ἡμέραις τῆς κρίσεως τῆς ἀληθινῆς ἐναντίον τῶν δικαίων
εἰς τὸν ἅπαντα χρόνον, ὧδε εὐλογήσουσιν οἱ εὐσεβεῖς τὸν κύριον
4 τῆς δόξης, τὸν βασιλέα τοῦ αἰῶνος· ⁴ἐν ταῖς ἡμέραις τῆς κρίσεως
5 αὐτῶν εὐλογήσουσιν ἐν ἐλέει, ὡς ἐμέρισεν αὐτοῖς.   ⁵Τότε
ηὐλόγησα τὸν κύριον τῆς δόξης, καὶ τὴν δόξαν αὐτοῦ ἐδήλωσα καὶ
ὕμνησα μεγαλοπρεπῶς.

XXV 4 εν] ει P   5 βασιλευς P   7 ηυλογησαν P
XXVI 6 φαραγγας P   XXVII 2 οιτινες] τινες P   3 ευσεβεις
coniec Charles] ασεβεις P

43

P   ¹Καὶ ἐκεῖθεν ἐπορεύθην εἰς τὸ μέσον Μανδοβαρά, καὶ ἴδον αὐτὸ 1   XXVII
ἔρημον· καὶ αὐτὸ μόνον, ²πλῆρες δένδρων· καὶ ἀπὸ τῶν σπερ- 2
μάτων ὕδωρ ἄνομβρον ἄνωθεν φερόμενον, ³ὡς ὑδραγωγὸς δαψι- 3
λὴς ὡς πρὸς βορρᾶν ἐπὶ δυσμῶν πάντοθεν ἀνάγει ὕδωρ καὶ δρό-
σον.   ¹″Ετι ἐκεῖθεν ἐπορεύθην εἰς ἄλλον τόπον ἐν τῷ 1   XXIX
Βαβδηρά, καὶ πρὸς ἀνατολὰς τοῦ ὄρους τούτου ᾠχόμην, ²καὶ ἴδον 2
κρίσεως δένδρα πνέοντα ἀρωμάτων, λιβάνων καὶ ζμύρνας, καὶ τὰ
δένδρα αὐτῶν ὅμοια καρύαις.   ¹Καὶ ἐπέκεινα τούτων ᾠχόμην 1   XXX
πρὸς ἀνατολὰς μακράν, καὶ ἴδον τόπον ἄλλον μέγαν, φάραγγα
ὕδατος, ²ἐν ᾧ καὶ δένδρον χρόα ἀρωμάτων ὁμοίων σχίνῳ, ³καὶ 2/3
τὰ παρὰ τὰ χείλη τῶν φαράγγων τούτων ἴδον κιννάμωμον ἀρω-
μάτων· καὶ ἐπέκεινα τούτων ᾠχόμην πρὸς ἀνατολάς.   ¹καὶ ἴδον 1   XXXI
ἄλλα ὄρη καὶ ἐν αὐτοῖς ἄλση δένδρων, καὶ ἐκπορευόμενον ἐξ αὐτῶν
νέκταρ τὸ καλούμενον σαρρὰν καὶ χαλβάνη.   ²καὶ ἐπέκεινα τῶν 2
ὀρέων τούτων ἴδον ἄλλο ὄρος πρὸς ἀνατολὰς τῶν περάτων τῆς
γῆς, καὶ πάντα τὰ δένδρα πλήρη ἐξαυτῆς ἐν ὁμοιώματι ἀμυγδάλων,
³ὅταν τριβῶσιν· διὸ εὐωδέστερον ὑπὲρ πᾶν ἄρωμα.   ¹εἰς βορρᾶν 1   XXXII
πρὸς ἀνατολὰς τεθέαμαι ἑπτὰ ὄρη πλήρη νάρδου χρηστοῦ καὶ σχίνου
καὶ κινναμώμου καὶ πιπέρεως.

    ²Καὶ ἐκεῖθεν ἐφόδευσα ἐπὶ τὰς ἀρχὰς πάντων τῶν ὀρέων τού- 2
των, μακρὰν ἀπέχων πρὸς ἀνατολὰς τῆς γῆς, καὶ διέβην ἐπάνω τῆς
ἐρυθρᾶς θαλάσσης, καὶ ᾠχόμην ἐπ᾽ ἄκρων, καὶ ἀπὸ τούτου διέβην
ἐπάνω τοῦ Ζωτιήλ.   ³καὶ ἦλθον πρὸς τὸν παράδεισον τῆς δικαιο- 3
σύνης, καὶ ἴδον μακρόθεν τῶν δένδρων τούτων δένδρα πλείονα
καὶ μεγάλα δύο μὲν ἐκεῖ, μεγάλα σφόδρα καλὰ καὶ ἔνδοξα καὶ
μεγαλοπρεπῆ, καὶ τὸ δένδρον τῆς φρονήσεως, οὗ ἐσθίουσιν ἅγιοι
τοῦ καρποῦ αὐτοῦ καὶ ἐπίστανται φρόνησιν μεγάλην.   ⁴ὅμοιον τὸ 4
δένδρον ἐκεῖνο στροβιλέᾳ τὸ ὕψος, τὰ δὲ φύλλα αὐτοῦ κερατίᾳ ὅμοια,
ὁ δὲ καρπὸς αὐτοῦ ὡσεὶ βότρυες ἀμπέλου ἱλαροὶ λίαν, ἡ δὲ ὀσμὴ
αὐτοῦ διέτρεχεν πόρρω ἀπὸ τοῦ δένδρου.   ⁵τότε εἶπον ῾Ως καλὸν 5
τὸ δένδρον, καὶ ὡς ἐπίχαρι τῇ ὁράσει.   ⁶τότε ἀπεκρίθη ῾Ραφαήλ, ὁ 6
ἅγιος ἄγγελος ὁ μετ᾽ ἐμοῦ ὢν Τοῦτο τὸ δένδρον φρονήσεως, ἐξ οὗ
ἔφαγεν ὁ πατήρ σου.

    *   *   *   *   *   *

V ⁴²Καὶ οἱ κύνες ἤρξαντο κατεσθίειν τὰ πρόβατα καὶ οἱ ὕες καὶ οἱ 42   LXXXI
ἀλώπεκες κατήσθιον αὐτά, μέχρι οὗ ἤγειρεν ὁ κύριος τῶν προβάτων

    XXIX 2 ζμυρνα P   XXXI 2 αρωματων P   XXXII 3 ελθων P
4 κερατι P   LXXXIX 42 και οι κυνες] pr εκ του του Ενωχ βιβλιον
χρησις V

43 κριὸν ἕνα ἐκ τῶν προβάτων. ⁴³καὶ ὁ κριὸς οὗτος ἤρξατο κερατίζειν V
καὶ ἐπιδιώκειν ἐν τοῖς κέρασιν, καὶ ἐνετίνασσεν εἰς τοὺς ἀλωπέκας,
καὶ μετ' αὐτοὺς εἰς τοὺς ὗας· καὶ ἀπώλεσεν ὗας πολλούς, καὶ μετ' αὐτοὺς
44 [ἐλυμήνα]το τοὺς κύνας. ⁴⁴καὶ τὰ πρόβατα ὧν οἱ ὀφθαλμοὶ ἠνοίγησαν
ἐθεάσαντο τὸν κριὸν τὸν ἐν τοῖς προβάτοις, ἕως οὗ ἀφῆκεν τὴν ὁδὸν
45 αὐτοῦ καὶ ἤρξατο πορεύεσθαι ἀνοδίᾳ. ⁴⁵καὶ ὁ κύριος τῶν προβάτων
ἀπέστειλεν τὸν ἄρνα τοῦτον ἐπὶ ἄρνα ἕτερον, τοῦ στῆσαι αὐτὸν εἰς
κριὸν ἐν ἀρχῇ τῶν προβάτων ἀντὶ τοῦ κριοῦ τοῦ ἀφέντος τὴν ὁδὸν
46 αὐτοῦ. ⁴⁶καὶ ἐπορεύθη πρὸς αὐτὸν καὶ ἐλάλησεν αὐτῷ σιγῇ κατὰ
μόνας, καὶ ἤγειρεν αὐτὸν εἰς κριὸν καὶ εἰς ἄρχοντα καὶ εἰς ἡγούμενον
τῶν προβάτων· καὶ οἱ κύνες ἐπὶ πᾶσι τούτοις ἔθλιβον τὰ πρόβατα.
47 ⁴⁷[καὶ] ὁ κριὸς ὁ πρῶτος τὸν κριὸν τὸν δεύτερον ἐπεδίωκεν, καὶ
ἔφυγεν ἀπὸ προσώπου αὐτοῦ· εἶτ' ἐθεώρουν τὸν κριὸν τὸν πρῶτον
48 ἕως οὗ ἔπεσεν ἔμπροσθεν τῶν κυνῶν. ⁴⁸καὶ ὁ κριὸς ὁ δεύτερος
49 ἀναπηδήσας ἀφηγήσατο τῶν προβάτων. ⁴⁹καὶ τὰ πρόβατα ηὐξήθησαν
καὶ ἐπληθύνθησαν· καὶ πάντες οἱ κύνες καὶ αἱ ἀλωπέκες ἔφυγον
ἀπ' αὐτοῦ καὶ ἐφοβοῦντο αὐτόν.

*   *   *   *   *   *   *

p. incert. 1 * * ¹παρὰ δὲ τοῦ ὄρους ἐν ᾧ ὤμοσαν καὶ ἀνεθεμάτισαν πρὸς τὸν πλη- Sync.
σίον αὐτῶν, ὅτι εἰς τὸν αἰῶνα οὐ μὴ ἀποστῇ ἀπ' αὐτοῦ ψῦχος καὶ χιὼν
καὶ πάχνη, καὶ δρόσος οὐ μὴ καταβῇ εἰς αὐτό, εἰ μὴ εἰς κατάραν κατα-
2 βήσεται ἐπ' αὐτό, μέχρις ἡμέρας κρίσεως τῆς μεγάλης. ²ἐν τῷ καιρῷ
ἐκείνῳ κατακαυθήσεται καὶ ταπεινωθήσεται, καὶ ἔσται κατακαιόμενον
καὶ τηκόμενον ὡς κηρὸς ἀπὸ πυρός, οὕτως κατακαήσεται περὶ πάντων
3 τῶν ἔργων αὐτοῦ. ³καὶ νῦν ἐγὼ λέγω ὑμῖν υἱοῖς ἀνθρώπων Ὀργὴ
μεγάλη καθ' ὑμῶν, κατὰ τῶν υἱῶν ὑμῶν· καὶ οὐ παύσεται ἡ ὀργὴ αὕτη
4 ἀφ' ὑμῶν μέχρι καιροῦ σφαγῆς τῶν υἱῶν ὑμῶν. ⁴καὶ ἀπολοῦνται οἱ
ἀγαπητοὶ ὑμῶν καὶ ἀποθανοῦνται οἱ ἔντιμοι ὑμῶν ἀπὸ πάσης τῆς γῆς,
ὅτι πᾶσαι αἱ ἡμέραι τῆς ζωῆς αὐτῶν ἀπὸ τοῦ νῦν οὐ μὴ ἔσονται πλείω
5 τῶν ἑκατὸν εἴκοσιν ἐτῶν. ⁵καὶ μὴ δόξητε ἔτι ζῆσαι ἐπὶ πλείονα ἔτη·
οὐ γὰρ ἔστιν ἐπ' αὐτοῖς πᾶσα ὁδὸς ἐκφεύξεως ἀπὸ τοῦ νῦν, διὰ τὴν
ὀργὴν ἣν ὠργίσθη ὑμῖν ὁ βασιλεὺς πάντων τῶν αἰώνων· μὴ νομίσητε
ὅτι ἐκφεύξεσθε ταῦτα.

LXXXIX 44 ελυμηνατο coniec Kirkpatrick] . . . το V   47 και ο
κρ.] εξης δε τουτοις γεγραπται οτι ο κρ. V | εθεωρουν]+φησιν V

p. incert.   1 παρα δε τ. ορους] pr και αυθις Sync | παρα] περι Syncᵍ | επ αυτο] εις
αυτο Syncᵍ   2 και ταπ.] om και Syncᵍ   5 εκφ. ταυτα] seq in Sync
και ταυτα μεν εκ του πρωτου βιβλιου Ενωχ (βιβλου του Ε. Syncᵍ) περι των
εγρηγορων κτλ.

Ἵνα μή τι ἀπόληται

APPENDIX.

ΨΑΛΜΟΙ ΣΟΛΟΜΩΝΤΟΣ

Π 13 εμπεγμον r ‖ 15 σπλαχνα i ‖ 19 εξηλιψας r ‖ 20 ωνιδησαν r ‖ 22 μητραν i ‖ 23 απερριφει r ‖ 25 μηνησεως hmpv ‖ 28 χρονησης r ‖ 30 εχρονησαν ‖ 33 ισχυει r ‖ 37 επιστιμη r ‖ 38 αναμεσων r ‖ 40 παρασταναι i | ισχυει ir

III 4 ολιγορησει r ‖ 7 αληθια r ‖ 16 εκλειψη r

IV 5 ουχ] ογ′ r ‖ 6 οικειαν r | ιλαροτι r ‖ 19 ελλειπης lr ‖ 24 παρωργησαν r^corr (παρορg. r*) ‖ 25 υπεκρυνοντο i

V 10 πιvασω ir ‖ 12 πινασωσιν r ‖ 20 πλεισμονην r

VI 5 πτωηθησεται r

VII 2 πατισατω r

VIII 2 ως ανεμου πολλου bis scr c ‖ 6 ανελογησαμην r ‖ 12 διηρπαζωσαν r ‖ 13 αφαιδρω m ‖ 16 αισχατου r ‖ 23 οικουντων] οικουν i ‖ 27 αρνιαι h ‖ 34 ελαιου p

IX 2 εθνη r ‖ 3 ἵν δικαιοσης r ‖ 5 κριβησεται i ‖ 12 αξαγοριαις i ‖ 16 συ] σοι i ‖ 20 ελεμοσυνη r

X 4 αγαπωντας r ‖ 7 οτιοι r* ‖ 8 εισωφροσυνην r

XII 2 αναπτων i ‖ 5 απωλοιτο i ‖ 8 κληρονομισαισαν r | επαγγελειας ir

XIII 3 ετειλον c ‖ 5 διηη r ‖ 8 προτοτοκου r ‖ 11 ουκ r

XIV 3 ερριζομενη r | εκτειλησονται r εκτιλλησονται i ‖ 5 γενεσαι l

XV 6 ουχ] ουκ r ‖ 10 απολειας i| μετοπου i ‖ 11 απολεια r

XVI 5 ελογισω με] ἐλογήσωμαι r ἐλογήσομαι i ‖ 8 ανοφελους ir ‖ 9 τοπω] τωπω i ‖ 11 ολιγωψυχιαν i | πευδ. i* ‖ 13 ενισχυσαις r* | πεδιαν r

XVII 5 ηρετησω r ‖ 6 επιγγειλω ir ‖ 14 εμπεγμον r ‖ 20 του σταξαι] τοὺς τάξαι r ‖ 41 ισχυει r : item 43 ‖ 51 ταχυνη ρ

ΕΝΩΧ

I 1 Αωωχ P | εξαρε P | εκχθρους P ‖ 2 Αινωχ P | εδιξεν P | θεορων P | ις P | επει P ‖ 3 εγλεκτων P ‖ 4 επει P ‖ 5 σισθησονται P | μεχρει P ‖ 6 σισθησονται P | υψελα P | φλογει P ‖ 7 επει P | εστε P ‖ 8 δικεων P | ευδοκειαν P | αντειλημψεται P ‖ 9 οτει P | αγειοις P | λενξει P | εσεβησαν P | ασεβις 2° P

II 1 ηλλυοσαν P | τεταγμενο κερω P | τες εορτης P | φενονται P | παραβεννουσιν P | ειδειαν P ‖ 2 ειδετε P | διανοηθηται P | γεινομενων P | μεχρει P | τελιωσεως P | αλλυουνται P | επει P | φενεται P ‖ 3 θεριαν P | των χειμωνα P

III 1 καταμαθεται P | ιδεται P

V 1 τειμην P | διανοηθηται P | γνωται P | νοησαται P ‖ 2 γεινομενα P | αλλυουνται P | επειταγην P | γεινεται P ‖ 3 ειδετε P | θαλασα P | αλλυουσιν P ‖ 4 υμις P | οκ P | ενεμιναται P | εποιησαται P | απεστηται P | καταλαλησαται bis P | στοματει P | σκληρωκαρδιοι P | εστε P | ιρηνη P ‖ 5 υμις P | κατηρασασθαι P | απολιται P | αιτη P | απολιας P | εστε P ‖ 6 δικεοις P | ασεβις P | ομουται P | αμαρτειων P | επειεικεια P | επει P ‖ 7 εγλεκτοις P | εστε (2°) P ‖ 8 εγλεκτοις (bis) P | επει P | επειστημονει P ‖ 9 ου] ο P | πασες τες ημερες P

VI 1 νειοι P | εκεινες τες ημερες P | θυγατεραις Sync^a | ωρεαι P ‖ 2 εγλεξομεθα P ‖ 3 αυ|αυτους P | θελησεται P | οφειλητης P | αμαρτειας P ‖ 4 απεκρειθησαν P | αναθεματεισομεν P | αποστρεψε P | ποιησομεν P ‖ 5 ανεθεματεισαν P αναθεματισαν Sync^g ‖ 7 αρχων] αρχον P

VII 1 γυνεκας (2°) P | μειενεσθαι P | αυτες (bis) P | ειπαοιδας P | ρειζοτομιας P ‖ 2 γαστριν P | γειγαντας P | τρισχειλιων P ‖ 3 οιτεινες

P | επειχορηγιν P ‖ 5 κατεσθειειν P | εμα P | επιννον P

VIII 1 μαχερας P | ασπειδας P | υπεδιξεν P | μεταλα P | στειβεις P | εγλεκτους P ‖ 2 ασεβια P | εφανισθησαν P ‖ 3 επαδας P | αστρωλογιας P | σημειωτεικα P | αστεροσκοπειαν P ‖ 4 ορανους P

IX 1 εμα P | επει P ‖ 2 επει P | μεχρει P ‖ 3 εισαγαγεται P ‖ 5 συ] σοι P | εποιησες P | ενωπειον P ‖ 6 αδεικιας P | επει P | επιτεδευουσιν P^vid ‖ 8 αυτες (1°) P | αμαρτειας P | μισιτρα Sync^g ‖ 9 ε γυνεκες P | αδεικειας P ‖ 10 ειδου P | βωωσιν P | τετηλευτηκοτων P | μεχρει P | επει P | γεινομενων P ‖ 11 αιας P | λεγις P | τει P

X 1 περει P ‖ 2 ειπων P | επει το εμω ονοματει P | δηλοσον P | μελλι P | γεινεσθαι P ‖ 4 ανυξον P | ηρημων P ‖ 5 λειθους P | οξις P | επεικαλυψον P | αυτω το] αυτο τω P | οικησατο P | θεωριτω P ‖ 6 κρεισεως P ‖ 7 αιαθησεται P | εφανεισαν P | ιασονται P | μην P | απολλωνται P ‖ 9 των Γ. P | επει (bis) P | κειβδελους P | απωλιας P ‖ 10 αιωνειον P ‖ 11 γυνεξιν P | μειγεντας P | αυτες P ‖ 12 ειδωσιν P | απολιαν P | αυ|αυτους P | μεχρει P ‖ 13 το δεσ δεσμοτηριον P | συνκλισεως P ‖ 14 με μετ P | τελιωσεως P ‖ 16 δικεοσυνης P | αληθιας P ‖ 17 δικεοι P | ημερε P | ιρηνης P ‖ 18 δικεοσυνη P ‖ 19 αγαλιασονται P | φυτευοντευουσιν ελεας P ‖ 20 γεινομενας P | επει P ‖ 21 προσκοινουντες P ‖ 22 ουκετι P

XI 1 ανυξω P | ταμια P | κατενενκιν P | επει (bis) P | των υιον P ‖ 2 αληθεια P | ιρηνη P | κοινονησουσιν P

XII 1 Αινωχ P | ουδις P ‖ 2 ημερε P ‖ 3 Αινωχ P | βασιλι P ‖ 4 Αινωχ

P | δικεοσυνης P | τον ουρανων τον
υψηλων P | γυνεκων P | γυνεκας P ‖
5 εστε P | ιρηνη P | αφησις P | χε-
ρουσιν P ‖ 6 επει P | απολεια P |
των υιον P | εστε P | ιρηνην P

XIII 1 εστε P | ιρηνη P | κρειμα P |
δησε P ‖ 2 εδιξας P | ασεβιων P |
υπεδιξας P ‖ 3 πορευθις P ‖ 4 ανα-
γνοι P ‖ 5 δυνονται P | ουδε] οδε P |
επαρε P | αυτων (1°)] αυτον P | εσχυ-
νης P ‖ 6 δεησις P ‖ 7 πορευθις P |
ανεγινωσκων P ‖ 8 ονηροι P | ορασις
(bis) P | ιδων P | υειοις P*vid | ελενξει
P ‖ 10 ενοπιον P | ανηνγιλα P | ορα-
σις P | λαλιν P | δικεοσυνης P | τος
γρ. P

XIV 1 δικεοσυνης P | ελενξεως P |
ορασι P ‖ 2 ειδων P | σαρκεινη P |
λαλιν P ‖ 3 εκτεισεν P | αννγελων
P | ορασι P | εδιχθη P ‖ 5 αναβηται
P ‖ 6 ειδητε P | αποπλιαν P | εστε P |
πεσουντε P | ενωπιων P | μαχερα P ‖
7 υμις κλεοντες P ‖ 8 ορασι (ter) P | εδι-
χθη P | νεφελε P | ομοχλε P | εφονουν
P | διαδρομε P | διαστραπε P | με 2°,
3°, 4°] μαι P ‖ 9 με 1°, 2°] μαι P |
εισηνηνκαν P | ορανον P | τιχους P |
εκφοβιν P ‖ 10 ηνγεισα P | λιθω-
πλακες P | χιονεικα P ‖ 11 αστερον
P ‖ 12 τυχων P | κεομενοι P ‖ 13 οι|
οικον P | οκ P | με bis] μαι P ‖
14 εμην σιομενος κ. τρεμον P | εθεο-
ρουν P | ορασι P ‖ 15 γλωσσης P ‖
16 δειαφερων P | τειμη P | ωσται P |
μαι P ‖ 17 ανωτερων P ‖ 18 εθεορουν
P ‖ 19 ιδιν P ‖ 20 περιβολεον P ‖
21 ιδειν 1°] ειδειν P | ιδειν 2°] ιδιν
P ‖ 22 ουδις εγγιξι P | μυριε P ‖
23 ενγιζοντες P | αφιστ αντε P ‖
25 τον αγιον P

XV 1 αληθεινος bis P ‖ 3 απελει-
πεται P | εκυμηθηται P | ελαβεται
P ‖ 4 εμιανθηται P | απολλυντε P |
5 θηλιας P ‖ 6 υπερχετε P ‖ 7 υμειν
P | θηλιας P ‖ 9 εξελθων P | ανοτερων
P | κληθησετε P ‖ 11 συνπαλεοντα
P | εσθειον P | δειψωντα P ‖ 12 εξα-
ναστησι P

XVI 1 αφανειζοντα P | αφανησουσιν
P | τελιωσεως P ‖ 3 εμενυσατε P |
τουτω] τουτο P | θηλιαι P

XVII 1 μαι P | φλεγων P ‖ 2 μαι
P | αφικνυτο P ‖ 3 τους θησαυρος P ‖
4 μαι P | παρεχων P | δυσις P

XVIII 1 εισ τασιν P | στεριγμα P ‖
6 κεομενον P | τρις P ‖ 8 θνος (sic,
pro θρονος) P | σαφφιρου P ‖ 9 κεο-
μενον P ‖ 11 τους στυλος P ‖ 13 κεο-
μενα P | πῦ|θανομαιον μοι P ‖
15 κοιλιομενοι P | παραβοντες P ‖
16 τελιωσεως P

XIX 1 λυμενεται P | πλανησι P |
αποτελιωσιν P ‖ 2 σιρηνας P ‖ 3 αν-
θρωπον P_1 | ως] ος P_1 | εγω] ιω P_1

XX 2 ο 1°] ως P_1 | αγγελον P_1 |
επει PP_1 ‖ 3 επει P_1 ‖ 4 των 1°] τον
P_1 ‖ 5 Μηχαηλ P_1 | των 1°] τον P_1 |
επει P_1 | τον τ. λ. αγαθων PP_1 ‖
6 το αγιον P_1 | οιτεινες P_1 | επει P_1 ‖
7 των 1°] τον P_1 | παραδισου PP_1 |
επει P_1

XXI 1 μεχρει P_1 | ακατατασκευα-
στον P_1 ‖ 2 ουτε 1°] οτε P_1 ‖ 3 τεθε-
αμε P_1 | κεομενους PP_1 ‖ 4 αιτειαν
P_1 | επαιδεθησαν P επηδηθησαν P_1 ‖
5 τον αγιον P_1 | ηγιτο P_1 | αληθιαν
φιλοσπ¾δις P_1 ‖ 6 μεχρει PP_1 ‖
7 τεθεαμε P_1 | κεομενον P | στυλλων
PP_1 | καταφαιρ. P | ειδιν PP_1 ‖
8 φοβηρος P_1 | ορασι PP_1 ‖ 9 απε-
κρειθη P_1 απεκρειθην P ‖ 10 δεσμω-
τηριων P | συνσχηθησοντε P

XXII 1 εισ τερεας P ‖ 2 τεσσαροις
(ut vid) P | λειαν λιοι P | τρις P |
εισκοτινοι P | λια P | σκοτεινα P |
ορασι P ‖ 3 επισυναγοντ αι P | εκρει-
θησαν P ‖ 4 επισυνσχεσι P ‖ 5 προ-
εβενεν P ‖ 6 προβεννι P ‖ 7 απεκρειθη
P | εξελθων P ‖ 9 τρις P ‖ 10 κρισεις
P ‖ 11 χωρειζεσθαι P | ανταποδοσεις
P ‖ 13 θλειβεντες P | τειμωρηθησον-
ται P

XXIII 2 διατρεχων P | αναπεομενον
P ‖ 3 εχων P ‖ 4 εκδιωκων P

XXIV 1 εδιξεν P | κεομενα P ‖
2 καλλωνη P | εστεριγμενα P | φα-
ρανγες P | τραχιαι P | ενγειζουσαι
P ‖ 3 ορι P | υψι P | θρουνου P ‖
4 φθεινι P ‖ 5 ωρεα (1°) P | ορασι P

XXV 3 καθειξει P ‖ 4 ευωδειας
P | εκδεικησις P ‖ 6 χαρισονται P |
οσμε P | οσταιοις P | μαστειγες P

49

XXVI 2 τεθεαμε P ‖ 3 φαραγγα P ‖ 4 φαραγγαν (bis) P ‖ 5 ποσε φαραγγες P ‖ 6 λειαν P

XXVII 1 φαραγξ P ‖ 2 οικετηριον P ‖ 3 αισχατοις P | αληθεινης P ‖ 4 της] ταις P

XXVIII 2 πληρης δενδρον P ‖ 3 ανοθεν φαιρομενον P

XXIX 2 καροιης P

XXX 1 φαραγγαν P ‖ 2 σχυνω P ‖ 3 φαγαγγων P

XXXI 1 εκπορευομενων P

XXXII 1 τεθεαμε P | σχυνου P ‖ 2 δυω P ‖ 3 ελθων P | παραδισον P ‖ μεγαλονπρεπη P ‖ 5 επιχαρη P | ορασι P

www.ingramcontent.com/pod-product-compliance
Lightning Source LLC
Chambersburg PA
CBHW072034060426
42449CB00010BA/2254